GLOBAL FIGHT AGAINST COVID-19 AND CHINA'S SOLUTION

全球“搏疫”与中国策

迟福林 主编

中国社会科学出版社

图书在版编目（CIP）数据

全球“搏疫”与中国策／迟福林主编．—北京：中国社会科学出版社，2020.8

（智库丛书）

ISBN 978－7－5203－6668－7

Ⅰ.①全…　Ⅱ.①迟…　Ⅲ.①疫情管理—影响—世界经济—研究②疫情管理—影响—中国经济—研究　Ⅳ.①F11②F12

中国版本图书馆 CIP 数据核字（2020）第 144199 号

出 版 人　赵剑英
责任编辑　喻　苗
责任校对　夏慧萍
责任印制　王　超

出　　版　中国社会科学出版社
社　　址　北京鼓楼西大街甲 158 号
邮　　编　100720
网　　址　http://www.csspw.cn
发 行 部　010－84083685
门 市 部　010－84029450
经　　销　新华书店及其他书店

印　　刷　北京明恒达印务有限公司
装　　订　廊坊市广阳区广增装订厂
版　　次　2020 年 8 月第 1 版
印　　次　2020 年 8 月第 1 次印刷

开　　本　710×1000　1/16
印　　张　13.5
插　　页　2
字　　数　182 千字
定　　价　79.00 元

凡购买中国社会科学出版社图书，如有质量问题请与本社营销中心联系调换
电话：010－84083683

前　言

2020 年年初，面对中华人民共和国成立以来发生的传播速度最快、感染范围最广、防控难度最大的一次重大突发公共卫生事件，我国打响了抗击新型冠状病毒肺炎疫情的人民战争。习近平总书记在 2020 年 4 月 8 日召开的中共中央政治局常委会会议上指出，“面对严峻复杂的国际疫情和世界经济形势，我们要坚持底线思维，做好较长时间应对外部环境变化的思想准备和工作准备。”当前，我国在防控疫情的同时推进复工复产，加快恢复经济社会运行秩序。但是，疫情在全球持续蔓延，世界经济下行风险加剧，不稳定不确定因素显著增多。

在这一特定背景下，2020 年 3 月初以来，中国（海南）改革发展研究院以改革智库的自觉责任，围绕疫情冲击下的若干重大问题，组织系列专家网络座谈会，“云端”建言献策，开展专家研讨。第一，疫情冲击下经济全球化何去何从？如何开展抗击疫情的国际合作，应对疫情下的世界危机与金融风险、经济全球化的新挑战？第二，疫情全球大流行下中日韩如何携手应对经济全球化的结构性变化、共同维护以规则为基础的多边贸易投资体制？第三，如何客观判断和把握中国经济基本面，如何看待疫情冲击下的产业发展和产业结构调整？第四，如何以人民健康至上的理念推进以疾控为重点的公共卫生体系变革？围绕以上疫情特定背景下的重大问题，来自国家相关部委、科研机构和高校以及日韩专家学者积极参与研讨交流，并且提出了很多有价值、有思想的见解和建议。最近，我们将抗击新冠肺炎疫情中的智慧、见解和建议进行整理、编辑和出版。期待本书能够启发各界读者对疫情冲击下我国经济社会发展若干重大问题的思考。

迟福林

2020 年 5 月 1 日

目　录

壹

疫情冲击下，经济全球化走向何方？

贰

疫情全球大流行下，中日韩面临哪些共同挑战？

一　疫情全球大流行下的中日韩合作

二　中日韩携手应对疫情对经济全球化的冲击

叁

疲情冲击下，产业发展如何应对挑战？

肆

如何推动公共卫生体系治理变革？

二　加快公共卫生应急管理体系和防控体系变革

三　推进公共卫生治理现代化的制度安排

四　延伸阅读

壹

疫情冲击下，经济全球化走向何方？

全球疫情蔓延，原油价格暴跌，全球股市遭受重挫，多国市场触发熔断，增加了全球经济动能的担忧情绪。疫情对全球经济到底有何影响？疫情冲击下经济全球化面临哪些挑战？经济全球化将会出现哪些新变化？

一　疫情下的经济全球化

迟福林：疫情严重冲击经济全球化

张蕴岭：疫情下的经济全球化

张燕生：疫情全球蔓延对产业价值链供应链的影响

贾庆国：疫情冲击与中国选择

疫情严重冲击经济全球化

迟福林*

新冠肺炎疫情在全球大流行，对全球经济造成严重冲击，很可能重创全球经济增长，影响到经济全球化走势。这里，我提出三个问题与大家交流讨论。

一　如何判断疫情对全球经济冲击的严重程度？

1. 疫情重创全球经济增长

（1）疫情严重冲击全球供应链、产业链。疫情持续的时间越长，对全球供应链的影响和冲击越大，有可能导致某些产业供应链的中断。一方面，中国是全球制造业的重要生产基地，加快全面复工复产，对全球制造业发展有着重要的拉动作用。另一方面，随着疫情在全球蔓延，美欧等国的一些制造业企业相继停工停产，有可能严重冲击全球的供应链、产业链，并由此严重打击全球的生产能力，使世界经济增长动力严重不足。有专家估计，2020 年全球经济增速将是 2008 年国际金融危机以来的最低水平。

（2）疫情严重冲击部分行业。例如，由于人流受到限制，疫情

---

* 作者系中国（海南）改革发展研究院院长。

对旅游业、餐饮业和交通运输业等行业的冲击相当严重，某些航空公司可能面临毁灭性的打击；由于受疫情影响，关键零部件等中间产品生产停工，对汽车制造、电气电子、医药等行业的整体需求和供应链造成严重冲击，加大汽车等行业的下行压力。

（3）疫情严重冲击重大国际性项目的推进。疫情在全球范围的扩散，将导致重大国际合作项目在合同履约、执行、融资、雇员返岗等方面面临诸多挑战，一些重大的国际性项目将拖延停滞甚至取消。

2. 疫情导致今年全球经济陷入衰退

一方面，疫情重创国际贸易。根据世界贸易组织数据，2020 年 2 月，全球进出口跨境贸易同比负增长约 10%。[①] 另一方面，贸易下降将直接导致全球经济增长速度下降。2020 年 3 月 2 日，经合组织（OECD）发布经济预测报告，把美国 2020 年的经济增长预期由 2% 降至 1.9%，日本由 0.6% 降至 0.2%，欧元区从 1.1% 降至 0.9%，中国由 5.7% 降至 4.9%。[②] 从疫情蔓延的趋势看，以上预测相对乐观，2020 年的全球经济增速可能比这个预测还要低。

3. 疫情蔓延增大全球经济危机的可能性

疫情的全球性蔓延，导致全球经贸活动大受影响，经济活力会严重下降，全球经济将遭受重创。从近日的情况看，疫情的全球大流行，使全球资本市场信心受到严重冲击，再加上国际油价暴跌重挫全球股市，短期内世界性的经济衰退开始成为现实。如果疫情继续一段时间，如果世界主要大国应对措施不力，如果全球性的协调行动迟缓，短期内的世界性经济衰退就有可能演变成全球经济危机。应当说，这个危险性正在加大。对此，需要客观判断并保持高度警惕。

---

① 世界贸易组织：《货物贸易晴雨表》，2020 年 2 月 19 日。

② 经济合作与发展组织：《全球经济展望报告》，2020 年 3 月 2 日。

二 如何判断疫情冲击经济全球化进程的严重程度？

首先，疫情蔓延助推某些孤立主义、单边主义、民族主义和贸易保护主义思潮。疫情的全球大流行、全球经济的短期衰退，使得生产者、消费者信心严重受挫。在这个特定背景下，某些逆全球化思潮重新抬头，甚至更为盛行。孤立主义、单边主义、民族主义和贸易保护主义盛行，有可能使经济全球化进程出现倒退。

其次，疫情蔓延严重影响双边、区域贸易投资自由化和经济一体化进程。例如，疫情的全球性大流行，使疫情暴发国无暇顾外。更重要的是，各种逆全球化思潮、主张严重冲击经济全球化，由此使双边、多边的自由贸易安排与区域经济一体化进程受到严重影响。在这个背景下，对按计划实施中美第一阶段经济贸易协议，对 2020 年完成中欧投资协定谈判并启动中欧自贸区可行性研究，对加快中日韩自贸区谈判进程、推动三国和区域全方位经贸合作、共同推动《区域全面经济伙伴关系协定》（RCEP）如期签署生效等，都有可能带来新的变数。

最后，疫情蔓延使大国经贸关系面临更为复杂的变化。一是在新冠肺炎疫情影响下，中美经贸关系有可能出现更为复杂的局面；二是中欧经贸关系变数增多、不确定性加大；三是美欧经贸关系也不容乐观。2019 年美欧之间的贸易冲突使欧盟经济已然疲软，在疫情的冲击下，在空客波音互诉案和“数字服务税”等纷争影响下，美欧原定在 3 月内签署迷你贸易协议的愿景恐怕有可能再次落空。①

① 《新冠疫情叠加美欧贸易冲突》，《第一财经》2020 年 3 月 9 日。

三　应对疫情对经济全球化的严重冲击，中国如何选择？

首先，以积极主动合作抗击疫情，加快完善全球公共卫生治理。疫情不分国界和种族，共同抗击疫情是全球治理面临的重大挑战。构建人类命运共同体，在抵抗威胁人类的天敌中形成有效的合作机制，成为直接的、紧迫的现实需求。建议积极主动推动建立更高层次的公共卫生全球行动协调机制，例如建立由二十国集团（G20）首脑或卫生部长组成的协调与合作机制，使各国在面对公共卫生危机时共同采取更为及时、有效的措施和行动。建议将公共卫生安全纳入世界安全战略，以各国联合行动减少突发公共卫生危机对全球经济社会的严重冲击。当务之急是，呼吁美国和欧盟与中国共同推动 G20 以视频会议方式尽快举行临时紧急首脑峰会，凝聚共识，摒弃冲突，共同协调采取各种举措应对新冠肺炎疫情蔓延。

其次，主动开展防止疫情蔓延的国际和地区合作。中国疫情蔓延得到基本控制，并积累了可供国际社会借鉴的某些实践经验。当前，中国已派出多支医疗队。在疫情在其他国家加快蔓延的背景下，中国应加快组建多支疫情应急救治国际医疗队或专家组，支援相关国家和地区抗击疫情。

再次，加大对世界卫生组织的支持力度。推动大国共同加大对世界卫生组织的支持力度，在疫情走势和判断等方面协调全球合作，共享疫情数据和技术进展，合作开展病毒探源、疫苗研究、药物开发等；推动世界银行和其他国际多边开发银行联合发起成立一个或多个全球抗疫基金等。

最后，以稳住自己作为承担大国责任的首要前提。中国稳住了，以全面复工复产恢复经济秩序，就有条件、有能力支持其他国家和地区抗击疫情，并对稳定全球经济秩序产生重要影响。第一，在不断巩固和继续抗击疫情成果的同时，严防疫情输入，不获全胜绝不轻言成功。第二，进一步加快全面复工复产，稳定和扩大就业，保持经济的稳定增长。第三，根据全球和国内抗击疫情的需求，加快医疗物资的生产和出口，支持全球应急医疗物资供给。第四，要有底线思维，要有在最坏情况下保证民生需求的充足生活物质准备。第五，全面深化改革开放，扩大内需。要加快城乡一体化进程，释放巨大的消费潜力。要加快市场开放进程，重点是服务业领域的开放，在海南等地全面实行医疗健康产业项下的自由贸易政策，以在抗击疫情的同时力争在扩大开放方面有新的突破。

疫情下的经济全球化

张蕴岭*

全球化由四个大的要素支撑。一是多边的开放体系；二是国际化经营和国际供应链；三是政府以增长为导向的开放政策；四是公民的支持，即公民认为他们可以从全球化中得到好处。

冷战结束以后，全球化加速发展，世界市场分裂被打破，形成了世界打通的市场。从数据来看，无论是贸易还是投资，或是供应链，冷战结束以后都取得了快速的发展。

全球化在 2008 年金融危机后出现了一个大的转折点，全球化的几个支撑因素所积累的问题显现，进而开始了全球化的反思和全球化的调整。主要背景之一就是世界经济力量对比和经济格局发生了大的变化，以中国为代表的一大批发展中国家的崛起，形成了对世界经济原有结构的挑战和改变。

第一个因素是支撑全球化的多边体系面临制度危机。发达国家集体抱团推动变革，要求改变原来的规则。美、欧、日贸易部部长先后发表了多份联合声明，提出推动世界贸易组织（WTO）变革的一些主张，美国甚至威胁退出。第二个因素是政府的开放政策。以发达国家为主，特别是美国，也包括一些发展中国家，不再支持普遍性开放，转而推行平衡与对等开放的政策。许多发展中国家也在考虑开放

* 作者系中国社会科学院学部委员。

的负面影响，不再认可自由主义原则下的开放都是好的以及开放能解决发展问题的信条。第三个因素是社会公众不再盲目支持全球化，而是要求保护和直接受益。全球化快速发展过程中，财富也快速、极端地向少数个人、集团流动，导致开放中的不同社会群体的收益出现了大的分裂。第四个因素是企业。总的来看，在 2008 年以后企业仍然坚持国际化战略，但是其国际化战略受到越来越多的限制。

这次疫情在中国和世界扩散，给全球化带来了严重的影响。其中最直接的影响是企业战略以及政府的政策。我们可以把影响分为两波。第一波是中国作为全球供应链中心，疫情导致了停工停产，供应链断裂，进而导致了生产运行危机和消费拉动危机。供应链断了之后企业没法再进行生产，与生产相关联的经济活动停滞。同时，消费拉动与生产是相连的，消费拉动趋势在下降，很多产品和服务没有消费，比如旅游、餐饮业都消停了。第一波眼看就要过去了，中国的疫情减弱，各个地方都开始复工复产，在这个过程中要采取紧急措施恢复国际供应链产业，有选择地进行先期复工复产等。但是，接着又来了第二波，更多的国家出现了疫情，导致全球的生产、消费、金融开始崩塌，各国实行更严厉的封堵停措施。短期直接的影响是经济增长速度下降，市场恐慌加剧，金融风险增大，中长期的影响还值得进一步观察研究。但是，目前有几个方面的事实是很清楚的。

第一，很多国家的政府政策会更加转向强调内向性、内向发展、自主发展和有保障的发展等。怎么调整还有待进一步观察。

第二，企业战略开始重新调整。20 世纪 80 年代开始，由于全球供应链的形成，很多大企业都实行零库存供应制度，这种制度大大节约了成本，加速了贸易投资的发展。但是，这样的供应链是非常脆弱、危险的。一旦出现重大突发事件，如疫情、气候变化、战乱等情况，就可能使供应链中断。可以预期，将来调整的趋势是缩短国际供应链环节。至于怎么调整也有待于进一步观察，但可以比较肯定的是，一方面，一些核心的东西往国内退缩的趋势应该是会发生的；另一方面，缩小环节链距，尽可能把主要的供应链集中在比较少数的几个节点上。过去一个产品有的多达20多个环节，这样的环节体系成本低，但风险大，有可能会发生调整，这会对原来产业链的节点布局带来比较大的影响。以中国崛起为代表，加入国际分工形成大的产业链节点、多个节点供应链中心会发生调整与变化，小区域化布局可能会受到重视，在保障供应链上也会采取更多的具体措施。可以说，疫情前，大的变化主要是政府的政策和多边体系；而疫情后，企业经营战略调整发生的变化需要深入研究。

第三，疫情催生了新生产业。除了公共卫生相关的产业之外，主要是网络数据产业的技术升级和普及化。有观点认为，疫情会让全球化死亡，我觉得这个说法不正确。全球化的结构调整在疫情前已经开始了，这一次只是加快了结构的进一步调整，而且调整的广度和深度是非常大的。全球化的构成、全球化的基础还在，不能说倒退。比如，新兴产业空间型的大网络、大数据的全球化会加速和加强，原来很多产业链的构造可能转为网络大数据；此外，还有产业结构的变化，经济的新型化、消费的新型化，可能也会有加速调整。

在这种情况下，我们要研判新的形势，要有新的战略、新的政策，在国际舞台上也要有新的话语权。疫情前，我们主要捍卫的是原来全球化的基本体制不要变，因为还有这么多的发展中国家刚刚加入，这是有必要的。但是，全球化结构的调整是一个必然趋势。这次疫情为我们进一步发展大数据、大网络提供了机会。中国在疫情中大数据与网络技术得到迅速发展，比如整个教学系统现在是网络化，要是没有这次疫情，这个绝对是实现不了的。所以，要支持和推动改革调整，不要一般地讲继续捍卫全球化。就我们自己而言，要利用新的形势将国际经济结构和国内经济结构调整相结合，加快国内经济调整的步伐。

疫情全球蔓延对产业价值链供应链的影响

张燕生*

一　本轮超级全球化，未来会怎么走

近现代历史上，全球化有过三次较大的波动和曲折。

第一次是1870—1913年，这次全球化是由英国主导推动，最终英国走向贸易保护主义。核心问题是新兴大国美国和德国的崛起与守成大国英国和法国的衰败，引发国际格局和秩序之争。这次全球化波动和曲折的结果是导致两次世界大战、导致经济大萧条、导致20世纪30年代贸易战，全球贸易萎缩2/3。

第二次是20世纪70年代，越战、冷战、政府干预经济等，导致全球化波动和曲折，结果是布雷顿森林体系崩溃，两次石油危机，全球经济滞胀，一直到冷战结束。

第三次是20世纪90年代以来的现代全球化，进入被人们称之为超级全球化时期，其深度和广度超过历史上任何一个时期。结果是东升西降、南升北降、中升美降。即世界经济重心的东移和西方经济治理主动权的下降。因此，当前真正反全球化的国家正是全球化的领头羊，例如美国。无论是逆全球化、贸易保护主义还是单边主义，美国

* 作者系中国国际经济交流中心首席研究员。

都是要为超级全球化重新建章立制。因此，这次逆全球化表现在英国脱欧和美国优先，要推动公平贸易和对等开放，其背后是西方治理衰败和非西方尤其是中国的崛起。

二　疫情对超级全球化的冲击

科学抗疫进入新阶段。在这次超级全球化遇到了逆全球化大挑战的形势下，疫情的全球蔓延扩散形成了对超级全球化的病毒冲击。在中国国内，疫情已经得到有效控制。现在中国抗疫核心已经转为防控输入型病例，需要采用大数据、透明度、专业化、法治化和输出与输入地协调的机制来掌控此阶段。

恢复中国国内供应链。这次疫情对中国产业链、供应链、价值链以及全球的产业链、价值链、供应链的影响还是比较大的。例如，武汉的重点产业主要涉及三个方面：汽车、新一代电子信息技术以及生物医药。在 2 月的时候，疫情对武汉以及对整个中国产业链、价值链和供应链的影响，基本是停摆。但疫情对于中国经济的影响，笔者认为是局部的和短期的。3 月开始，各级各地政府的工作重点应转向加速复工和经济社会生活正常化，把抗疫工作交给大数据公司、专业机构和输入地政府主管部门。

全球抗疫刚刚开始。从 3 月开始，全球三大生产网络，也就是日本和韩国，德国、法国和意大利，北美，都面临巨大的考验和挑战。疫情蔓延到全球，就不再是短期和局部的了，恐怕是全局性和长期性的影响。它既影响东亚生产网络核心块——日本、韩国、中国，也影响欧洲经济的核心块——德国、法国、意大利，还影响北美。这次疫情的特点是要通过隔离和自愈，隔离对全球三大生产网络产生的经济、政治和其他方面的负面影响，不可低估。

疫情加剧对去全球化、去国际工序分工、去人际交流的冲击，可能会促进逆全球化进程。过去逆全球化的表现形式是贸易战、科技脱钩、技术封锁。因此每个国家都会考虑自己产业链、供应链备份的问题，一旦发生了最坏的情况，可以有一个应对准备。从韩国的三种材料被日本断供产生的负面影响看，全球的价值链、供应链、产业链在逆全球化和贸易战的情况下发生了逆转。全球的新科技革命，无论是机器人、人工智能，还是云计算、大数据和工业物联网，它产生的趋势是全球产业链、价值链、供应链的本地化、区域化和分散化。从这个角度来说，疫情增加了对全球化和对产业链、价值链、供应链重组的负面外部冲击。

对于中国来说，要高度重视疫情对全球三大生产网络的重创，对未来中美经贸关系的负面影响，以及对 WTO 改革可能出现的冲击。也就是说，疫情加速了最坏场景发生的可能性、复杂性和长期性，这不仅对中美经贸关系，而且还对中国和世界的经贸关系产生影响。

三 中国希望继续推动超级经济全球化前行

中国作为全球开放的受益者，希望继续推动新型全球化向前发展。无论是应对逆全球化、贸易保护，还是技术脱钩，中国采取的基本对策仍是扩大对外开放，包括海南自贸区（港）建设、上海自由贸易试验区临港新片区建设，举办中国国际进口博览会、颁布《中华人民共和国外商投资法》及配套行政法规，中国还是希望通过扩大对外开放，成为新型全球化的推动者。

全球抗疫需要同舟共济，需要建立中央、地方、企业和全社会多层次推动的新型全球化，一方有难八方支援，因为我们在一条船上。第一，促进东亚生产网络发展，如加深中国和日本、韩国之间的全方位、高层次、多元化合作，这应是全局性、长期性和战略性的考虑，不能像过去那样四分五裂。无论是推动中日韩自贸区建设，还是加快

《区域全面经济伙伴关系协定》（RCEP）、《全面与进步跨太平洋伙伴关系协定》（CPTPP），关键都是构建各层次战略互信。第二，中国和欧洲生产网络之间的合作也是一个你中有我、我中有你、相互依存的合作关系。包括中欧双边投资协定（BIT）、自由贸易协定（FTA）、"一带一路"与欧亚互通战略对接。第三，中国要加强和美国方方面面的合作。仅仅有5%的极右分子支持脱钩，而95%的企业仍希望能够跟中国建立更紧密的经贸联系，机遇在中国。

中国应该敞开胸怀，从口罩、防护服和设备，到医疗机构互助，与世界共同抗疫。既然疫情具有长期性和全局性的负面影响，就一定要加强打造口罩、医疗设备等生产的全球供应链，加强治疗方案的合作。这方面也是中国展现负责任大国风范应当做的。

从中美贸易战可以发现，对500亿美元的中国输美产品加征25%关税，打击的60%是外资企业；对2000亿美元中国输美产品加征25%关税，打击的50%是外资企业。即贸易战很大程度是想把过去40年在中国建立起来的美国企业、欧洲企业、日本企业的供应链打出中国。美国非常清楚，剩余3000亿美元中国自己企业生产的输美产品是能够给美国消费者带来最大消费剩余和经济福利的产品，美国将一半产品加征关税从15%降到7.5%，另一半为零关税。中美贸易战实质上是产业的供应链和价值链之战。希望美国对中国的政策从非理性对抗转向理性合作，这应当是大国战略博弈最终的结果。

从这个角度来说，随着疫情的下一步发展，中国要从全盘的战略上做全局的考虑，做好95%的美国企业、地方政府和民众的工作，要合作不要对抗，要共同抗疫不要贸易战，要挂钩不要脱钩。

疫情冲击与中国选择

贾庆国*

一　疫情对世界经济的冲击

总的来看，这次疫情对世界经济的冲击是巨大的，短期内很有可能还会进一步扩大。主要原因有两个方面。

一是疫情导致大量经济活动骤停。虽然新冠肺炎的死亡率比非典、埃博拉病毒和 MERS 都低，但是比流感要高很多，而且传播速度很快，传播的方式是人传人，一旦人们意识到它带来的风险，就会产生恐慌，并在很短的时间内中断许多正常的生产和消费活动。

二是疫情的不确定性加剧恐慌。由于病毒新，人们对其缺乏深入了解，特效药和疫苗一时半会儿生产不出来，所以，没有人知道什么时候疫情才能缓解，于是恐慌急剧放大。在上述情况下，人员、物资流动受阻，生产迅速下降，消费大幅减少，对未来预期急剧恶化，这些都是最近出现股灾的根本原因。而股灾反过来又冲击实体经济，形成恶性循环之势。

由于上述原因，尽管目前各国政府推出的各种救急方案有助于缓解经济下滑对社会秩序和人们生活的灾难性影响，但短期内根本无法扭转经济下滑的趋势，在经济活动大幅减少和人们心理预期不断恶化

* 作者系北京大学国际关系学院原院长、教授。

的情况下，投多少钱都是杯水车薪，解决不了问题。

真正有可能扭转经济下滑趋势的可能是以下四种情况。

一是季节转换，气温回暖。历史上，非典疫情的结束就和气候变暖有关。这次会不会也出现这种情况，目前还不知道，但是不能完全排除这种可能性。

二是各国采取措施遏制疫情发展。到目前为止，中国、韩国和新加坡应对的效果还是不错的，但是西方国家在这个问题上处理的方式很不一样，结果它们的疫情急剧恶化。有人说，西方国家的政治体制决定了它们无法采取极端措施应对疫情。但是，当国家和社会面临极大安全威胁时，相信这些国家也会采取一些类似于中国采取的极端措施来应对疫情，因为这是唯一有效遏制疫情发展和消除疫情的方式。现在意大利出现的情况也说明了这一点。

三是特效药或者是疫苗研制成功。只要特效药或疫苗研制成功，疫情就可控，恐慌也会瞬间消除。特效药方面，瑞德西韦正在临床试验过程中，据世界卫生组织说这是目前唯一消除新冠病毒感染有效的药。疫苗方面，据有关报道，现在包括中国在内的几个国家都已经研制出来了，正在对其安全性和有效性进行进一步验证。在疫情加速扩散的情况下，相关国家政府也都会在审批上优先考虑，这会加速推出进程。有报道说几个月之内就有可能出来。如果成真，这也会有效遏制疫情并迅速缓解人们心理上的恐惧。

四是人们心态的调整。有报道说，英国政府最近采取了新的政策，那就是在无法遏制病毒传播的情况下，不再采取极端措施控制疫情传播，不再收治所有患者，而是集中有限医疗资源救治重症患者。理由是，新冠病毒死亡率低，即使越来越多的人被感染，绝大多数人也会存活下来，并产生抗体。政府可以集中资源救治那些重症患者，进一步降低死亡率。这是新加坡政府过去提出的一个应对思路的翻版。到底是否有效还要实践检验。与此同时，随着时间的推移，人们对疫情的恐慌也会降低，正常生活也有可能得以恢复。历史上，这种情况并不鲜见，但短期内人们很难接受这种做法。

上述因素在很大程度上决定了这次疫情对经济的冲击是短期的。当然，短期到底是多长，我们现在无法知道。如果气候变暖影响疫情的话，大概是2—3个月；如果疫苗研制成功，按照有关报道，大概是几个月到半年，最多一年。瑞德西韦的临床试验结果是4月底。人们心态的调整需要的时间也许更长些。

虽然短期大概是几个月或半年的时间，但不容争论的是，这次疫情对经济和生活的冲击仍然是非常大的。因此，在未来一段时间内，笔者的判断是多数国家经济继续下滑，各国股市继续振荡下行，世界经济步入衰退的可能性都将很大，相对主要大国的经济而言，中国经济可能会好一些，但是也会受到比较大的冲击和影响。

二 疫情对经济全球化的冲击

在上述背景下，国内外反全球化的声音会继续加强。在国外，美国和西方国家一些人出于不同考虑，尤其是安全和政治方面的考虑，一直在渲染对中国经济依赖的安全风险，主张和中国经济脱钩。新冠疫情暴发以来，这些人的声音有所强化，如渲染美国在高科技、药物生产过度依赖中国的安全风险。未来一段时间，这些人的声音还会继续加强。中国国内有一些人出于不同的考虑也会渲染对外经济依赖的风险，他们也是打着国家安全的旗号，认为中国不能受制于人，所以什么都要自己生产才好。这种声音也不可小视。

尽管这次疫情放大了国内国外反全球化的声音，但是从长期的角度来看，经济全球化仍然是世界发展的大势。未来经济全球化的具体表现形式可能会变化，各国政策也可能会调整，经济全球化可能会以另外一种形式发展。但是，经济全球化进程是无法阻挡的。过去世界上绝大多数国家参与经济全球化，并不是因为它们从一开始就想这样做，而是因为全球化带来的好处实在无法拒绝，不参与的风险更大。每个国家都知道全球化会给国家主权安全和社会稳定带来负面影响和风险，但是，大多数国家认为经济全球化带来的好处远远超过风险。中国也是在参与经济全球化的进程中才得以持续高速增长的。历史证明，那些拒绝参与全球化的国家最终都没有什么好结果。

三 中国的选择

面对这种情况，中国应该怎么办?

一方面，要把自己的事情做好。这包括：第一，采取有效措施阻止境外疫情向国内输入。第二，由于短期内国际经贸的情况不好，稳外贸这件事要做，但是不要寄予太高的期待。第三，恢复经济主要是靠自己。我们需要进一步加大扩大内需的力度，采取必要的措施刺激经济，除了在确保疫情不蔓延的情况下尽快复工复产之外，还需考虑采取一些其他措施，包括对中小企业税收减免、对中小企业和个体户在疫情期间租金减免，解除此前不少地方实行的住房和汽车限购政策，创造条件让各类服务门市（商场、餐厅、理发店、健身娱乐）尽快恢复营业等。第四，对疫情中由于收入中断导致生活困难的家庭给予救济和补贴。不要把目标定得太高，但至少使这些家庭生活得到保障。这既是一个社会良性发展的需要，也是当前维护社会稳定的需要。第五，总结经验教训，改进现有的疫情上报机制。这次新冠肺炎疫情初期，我们在一定程度上重复了非典前期出现的问题，这需要认真反思，并在此基础上切实改进体制机制，从根本上杜绝这种问题再出现。

另一方面，积极开展国际合作。第一，主动对外分享抗疫经验和教训，介绍我们经历的问题，我们是怎么解决这些问题的。要做到让所有人了解，去体会，去学习，同时不走同样的弯路，切忌把它做成简单宣传。

第二，在力所能及的情况下，给其他国家的抗疫提供物质上的支持。这个需要分类、有区别进行，也就是说，对发展中国家要以分享经验和无偿援助为主，对发达国家要以分享经验和有偿供应相关物资为主。方式上最好还是低调。有媒体大肆宣扬我们给这个国家援助，给那个国家援助，这个国家怎么感激我们，那个国家怎么说中国好，我认为没有必要。我们的确需要让世人知道我们在援助，但不是这种做法。大肆宣扬不仅让国内老百姓很难理解，也很有可能在国际上产生反作用。我们要相信，只要我们做了善事，用不着我们去大肆宣扬，别人也会知道并感动的。

第三，外交上，官方最好不要去回应他国民间涉及中国的极端言论。民间什么言论都有，中国民间也有各种各样极端言论。官方回应效果也不会好，只能导致国内极端言论增加和国家间极端言论的恶性互动。官方只应对他国官方的立场和说法进行回应。

第四，做好美国的工作。美国仍然是全球最有影响力的国家。我国的现代化也好，发展也好，安全也好，构成最大挑战的也是美国，所以需要做好美国的工作。

第五，中国应该大力推动国际合作。面对疫情对经济构成的巨大威胁，国际合作至关重要。中国应和美国协商，一起呼吁尽快召开二十国集团（G20）视频峰会，协商采取相关措施以共同应对世界经济大幅下滑的风险。我们不要过多在乎谁提议、谁倡议，关键在于争取峰会早日开成，只要开成了，促成了国际合作，中国在国际上的积极作用自然就体现出来。此外，中国在地区层面也有必要加大努力推动区域合作，包括推动中日韩自贸区和《区域全面经济伙伴关系协定》（RECP）谈判进程。

二　抗疫国际合作

陈文玲：疫情下的中美经贸关系

王辉耀：加强国际合作是抗击全球疫情的关键

何冬妮　危文锋：以推进多边双边合作凝聚抗疫合力

疫情下的中美经贸关系

陈文玲[*]

我重点从疫情下的中美经贸关系角度，主要谈两个方面的看法。

毋庸置疑，经济全球化的格局已经形成，逆全球化是行不通的，贸易保护主义、民粹主义和单边主义现在看起来兴盛一时，但最终会走向历史的终结。通过这次疫情可以看到，中国提出的理念和倡议是21 世纪人类的新文明。不仅疫情是无国界的，科学技术也是无国界的，全球产业链、供应链、服务链和价值链也都是无国界的。全球化，有的是人类命运共同体，有的是生态共同体，有的是经济共同体，有的是抗击疫情或者灾难共同体。所以，未来的世界需要继续开放，需要互联互通。当前，为了避免世界陷入经济大衰退，合作还是中美关系唯一的正确选择。

第一个方面，这次疫情是一场大考，在这个考试面前国家与国家是平等的，人与人之间是平等的。

中美两个国家在这场大考中谁做得更好？疫情防控结果是最好的判官。

从中国情况来看，在疫情初期确实存在与应对非典时同样的问题，但是我们很快扭转了局面。从武汉 1 月23 日封城到3 月13 日 50天，国家卫健委已经宣布，中国已基本战胜疫情。现在出现了几个重

---

* 作者系中国国际经济交流中心总经济师。

大转变：一是从国际社会防中国输入到中国防国际输入；二是中国从被 130 多个国家封锁限制到战胜疫情，全面复工复产；三是中国从接受各国援助到向国际上一些重灾区派出医疗队、大规模捐助疫情暴发的国家，向各国出口急需的医药物资。有人说中国应该低调，但是我认为也没有必要太低调，因为这就是现实，这体现了中国的国际胸怀和大国风范；四是中国从 14 亿人宅在家里统一行动，到在这种生活方式下创造的无接触服务，创造线上医疗、线上购物等新的消费方式、新的商业模式，14 亿人口的大国井然有序；五是以习近平总书记为核心的党中央亲自指挥部署，一线白衣天使、军队、警察、物流快递小哥、商业服务人员到社区工作者勠力同心。经过我们的努力，中国用 50 天的时间战胜疫情，这确实是人类历史上的奇迹，绝无仅有。中国复工复产之后，会以百倍的努力补上前两个月的损失，争取全面完成今年各项目标和任务。

但是，中国现在也面临着很大的挑战，包括复工复产之后，虽然中国补上了全球产业链的短缺，但是其他国家，包括日本、韩国、美国、意大利、伊朗又成了疫情灾区。他们的生产制造又会受到影响，我们产业链补上了以后，出口又将会受阻。所以，我们还面临着新的挑战。笔者认为关于中国有四个方面的基本判断。

第一，中国仍然是世界经济的稳定之锚。2019 年中国实现 GDP 14.4 万亿美元，占世界 GDP 增量的 17%；实现贸易 4.67 万亿美元，占全球贸易的 13%；制造业产值占世界的 30.4%，在进出口贸易中，中间品贸易占比已经达到 2/3。日本丸川教授的研究结果表示，日本从中国进口的商品 89% 是中间品。中国稳世界才能稳，世界稳中国经济才能真正活跃起来。在中国经济增量占世界经济增量的比重上，2019 年是 29%，预测 2020 年不会低于 30%。从 2008 年以来，中国经济增量的贡献率年均 30.6%。因此，中国将仍然是世界经济稳定之锚。

中国有五大经济增长点是很清晰的。一是新消费。2019 年消费对 GDP 贡献为 57.8%，2020 年会保持在 60% 左右；二是新基建。今年将在七大领域发力；三是新服务，包括无接触服务、无现金服务、无店铺服务等新的服务方式。这次疫情又创造了很多新的服务方式，现在是一时救急，但将来会成为服务的新常态；四是新制造，包括智能化制造、模块化制造、柔性化制造；五是新价值链。大规模复工复产后，中国企业会扩展和延伸产业链，会无缝连接供应链，会完善提升服务链，会全面提升价值链。从中国经济来说，基本面是好的，这两个月的损失是能够补上的。

第二，中国现在已经成为全球资本、资产的避风港。这几天表现特别突出，不光是股市、债市，每天都有大量的资本流向中国市场。最近几年，全球外商直接投资都是大幅下降，中国一直处于增长之势，80% 以上的跨国公司在中国是增资，把中国市场看成是资产安全和保障供应链安全的避风港。

第三，包括大批留学生在内，中国在外的人员回流，中国的人才回流，中国的消费回流。

第四，中国是人民群众安全感和满意度最高的国家。中国通过抗击疫情、中美贸易战和世界大国外交事务的处理，体现了负责任大国形象。这次疫情使全球看到，中国是大国信用、大国威信、大国组织动员能力最强的国家。从这些方面来说，疫情使中国威信提高了，中国受难但又从灾难中又站起来了。这一条我们不必讳言，也不必谦虚。14 亿中国人同心同德、万众一心，在党中央的领导下，习近平主席统一指挥、统一领导、统一部署，取得了这样的成就，来之不易。

我认为，虽然美国在世界上还是影响力最大的国家，经济实力最强的国家，科研能力最强的国家。但在当前，特别是疫情中，美国经济存在“四跌四升”。

美国经济“四跌”是：第一，经济增长下跌。2019 年美国经济增长率是 2.3%，经合组织（OECD）预测到 2020 年会下跌到 1.8%，2021 年会下跌到 1.5%。这还是在美国疫情没有全面暴发的情况下，如果疫情全面暴发，美国经济下跌的幅度会比这个更大。

第二，股市债券大幅度下跌。包括 3 月 9 日和 3 月 12 日股市两次熔断，从股市最高点狂跌一万点，比 2020 年的最高点跌幅接近 30%。3 月 9 日全球 11 个国家熔断，3 月 12 日亚洲 7 个国家熔断。美国现在开始向股市放水，3 月 12 日放了 5000 亿美元，13 日放 5000 亿美元，准备再放 5000 亿美元，1.5 万亿美元进入股市救市，以后准备每周继续注入。这次大跌引发了世界的恐慌。

第三，石油、黄金、白银包括比特币价格同步下跌。这是非常罕见的。一般情况下，美元下跌，石油、黄金价格会上涨；美元上涨，石油、黄金的价格会下降，现在却是同步下降。纽约商品交易所 4 月交割的黄金期货价格下跌了 4.6%，本周下跌了 9.3%，是 2011 年 9 月 23 日以来最大的周跌幅。白银期货下跌了 59.4%，收于 14.5 美元/盎司，本周下跌了 16%。原油期货 12 日收于 31.73 美元/桶，按照 WTI 的统计，累计下跌了 23%。可以看到，美国国债、美元、黄金、石油、比特币同步下跌，避险资产已经失去功能，日常流动性极度紧缺。现在特朗普大放水救市，也是为了挽救其政治前途，以确保其在美国大选中能够赢得下届选举。

第四，这个方面的大跌早就开始了，现在只不过是加剧了，就是美国国家信用的大跌。包括美国政府在国民中的信用、在盟国中的信用、在全球的信用，都在直线下跌。这种孤立主义、民粹主义、保护主义，美国利益至上、美国第一、让美国伟大，把美国政客的利益凌驾在人民之上、把政客个人意志强加在人民的头上，是错误的战略方向导致的战略性错误，严重损耗了美国国家信用和形象。

美国还有“四升”，也非常突出。

第一，疫情风险急剧上升。美国的疾病控制与预防中心（CDC）主任罗伯特·雷德菲尔德3月11日承认，一些似乎死于流感的美国人，死后的诊断被检测出是新型冠状病毒呈阳性。这在全世界引起了轩然大波。美国《时代周刊》刊发美国CDC数据，美国可能会感染到100万人，美国已经错过了最好的时机。这个最好的时机，就是中国用自己的行动，包括武汉封城给予世界各国的机会窗口。

第二，债务风险急剧上升。2019年年底美国国债是22.8万亿美元，现在到达了23.3万亿美元，加上家庭债务等，美国总体债务已经超过70万亿美元，债务直线上升。全球的债务已经超过250万亿美元，债务风险也陡然上升。

第三，供应链风险急剧上升。这是中国面临的风险，也是美国非常突出的风险。美国波士顿咨询公司3月7日发布了一个关于全球半导体产业链的报告。报告认为，美国长期以来作为领导者，占有世界半导体市场45%—50%的份额。如果美国对中国采取切断产业链的做法，坚持对在美国列入实体名单的这些中国企业进行限制，那么美国半导体行业将失去全球8%的份额，失去16%的收入；如果完全禁止向中国企业出售，包括向华为以及中国相关的企业出售零部件，那么美国半导体行业企业的全球份额将损失18个百分点，收入将损失37%。如果美国执意要这样做，出现这种情况，美国企业国际市场份额和收入下降，将导致美国芯片研发支出和资本支出大幅度消减，会影响到4万个就业岗位。如果美国执意要切断这个产业链，韩国会在几年内超过美国成为世界领导者。

美国最大的企业信用评级公司邓白氏商业咨询公司评估认为，在世界财富1000强企业中，有613家在中国拥有重要的业务关系，一级供应商中有938家拥有中国二级供应商，但却是第一级的供应单位。所以，几乎全球1000强企业都和中国有直接和间接的供应链上下游的关系。如果特朗普不能切断产业链，就达不到他的政治目的；

如果切断，风险首先会在美国暴发。中国当然也会受到重创，但是美国供应链断裂的风险比中国要大得多。

第四，全球脱钩的风险急剧上升。美国有 102 个贸易国，中国在美国贸易逆差中占 48%。现在美国已经悄悄地调整了相关关税，对中国出口到美国的医疗器械关税取消，但宣布不取消对中国加征的其他关税。中美第一阶段贸易协议，由于疫情产生的不可抗力影响，执行面临着新的情况和问题，美国正在准备第二阶段的谈判。只要美国对中国错误的战略转向不能戛然而止，贸易战就不会因为一纸协议而真正休战，科技战、金融战并没有停步，美国分裂中国领土的行为一天都没有停止。

第二个方面，世界已经进入新冠肺炎疫情大流行阶段，在当前全球抗击疫情的斗争中，中美可以进行多方面合作。

当然，中美关系唯一正确的选项和出路是合作。美国战略遏制和打压中国的意图不可能实现，当前，中美合作比对抗更重要，不仅有利于中国，更有利于美国，也有利于世界。

中美两国可以联合抗击疫情，包括合作研发、邀请中国派出医疗队。中医药的应用特别是针灸、正骨和复方丹参滴丸等中药在美国已经获得了合法的地位，美国可以与中国进行有效合作。可以从中国出口美国医疗器械这些产品免税开始，推动美国取消全面对中国加征的高额关税。包括推动中美开展制造业合作，可以重新缝合产业链、供应链、服务链、价值链，重新考虑两国的产业互补合作。推动中美从贸易战、科技战、金融战这种“零和博弈”转向制度性、战略性、建设性的合作。推动中美面向全球、面向未来、面向人类命运共同体和人类共同利益，以及探索国际治理体系的改革与规则重建，包括推动数字经济、网络经济、数据流动、公共卫生体系，解决人类共同面对的环境污染、传染病和贫穷等问题。这才是中美两个国家，位于世界第一位、第二位的两大经济体应该做的事。

作为中国的专家，我真诚地希望：第一，美国经济不要出问题。美国仍然是世界第一大经济体，一旦经济出问题，世界经济也不会好到哪里去。第二，美国的疫情不能防不住。如果美国的疫情防不住，全球就还会有疫情复发、反弹、回流的风险。第三，疫情之后避免中美贸易战升级，不要继续打科技战、金融战。希望这次疫情能够教育美国，或者触动美国，使得美国在抗击疫情上与中国的合作不是一个暂时现象，不是一时的实用主义选择，而是能够推动中美之间建立永久性、制度性、战略性、建设性的合作伙伴关系。

加强国际合作是抗击全球疫情的关键

王辉耀*

新冠肺炎疫情规模之大，影响之深，百年一遇。这次疫情对世界各国对全球化的认识以及国际秩序的重新洗牌，都将产生巨大影响。这次疫情更让我们意识到，这个世界是紧密相连，没有一个国家可以成为孤岛，谁也离不开谁。这次疫情可能会令全球化发展受挫，但是从另一个方面也会让大家意识到，我们都在同一条船上，同一个星球上，我们的共同敌人不是单边主义，也不是贸易战，而是大自然的灾害，比如传染病、气候变化以及恐怖主义、饥饿贫穷等。

这次新冠肺炎疫情是对中国治理模式的一次大考验，也让我们重新认识到中国特色社会主义制度的优势。到目前为止，我们已经交出一份比较令世人刮目相看的答卷。但是，潘多拉的盒子已经打开，新冠病毒不只是一个国家的灾难，随着全球化的脚步，它也开始向世界蔓延。我预计世界各国确诊病例最终会大大超过中国的确诊病例数量。

这次新冠肺炎疫情带来的恐慌，包括股市的大跌，像美国股市的熔断机制已经触发了两次，三大股指均暴跌了百分之一二十。特别是特朗普又宣布对除英国外的欧洲国家实行为期 30 天的航空限制，这会加剧世界经济的恐慌。如果这种恐慌持续，那么这次疫情很可能会

---

* 作者系全球化智库（CCG）理事长。

导致全球进入经济衰退。美国的股市经过 10 多年的高速增长以后，也需要进入一个调整的阶段。而大疫情引爆调整，可能触发金融危机。这样的情况下，我们怎么应对是一个重要问题。

在抗击疫情上，中国有五个比较突出的特征和优势。

第一，有一个强有力的中央政府，可以集中力量办大事，特别是中国的集体主义精神，能够牺牲自我，顾全大局。这种具有东方特质的家国情怀和精神是中国抗疫很重要的因素，但在很多强调个人自由的国家则比较难做到，这对全球疫情控制来说是一个比较难的挑战。

第二，高效资源调配能力。在疫情期间，中国展现了世界罕见的“一方有难，八方支援”的高效资源调配能力。比如说在很短的时间内，建成了火神山医院和雷神山医院，紧接着又改造搭建了多个方舱医院，用于全面收治轻症病人。全国几十个省派出了几十支超过 4 万人的医疗队伍驰援武汉，这些都显示了中国强大的资源调动能力。这种能力对一些国家来说很难拥有。

第三，基层社区管理制度发挥了重要作用。基层组织和社区管理在本次疫情中也显示了独特的作用。中国的这套社区管理体制在特殊时期完成了特大的工作量，包括生活物资供应。企业在这个时候也起到了非常好的作用。国外的社区管理都是依靠教堂和非政府组织等，这种管理较为松散，执行力度和效率可能不足。

第四，中国具有全世界最先进的互联网基础设施。疫情期间，尽管数以亿计的人被隔离在家，但是发达的互联网基础设施令企业远程办公十分便利，减少了一定损失。疫情期间，中国经济不仅没有停摆，反而还推动了网上教育、网上医疗、网上办公、新零售等互联网行业的快速发展，创造了新的经济增长点。

第五，中国积极开展国际合作。第一时间公开病毒的基因序列，给世界卫生组织提出建议，邀请世界卫生组织到中国，摸索了很多经验和独特的办法。疫情全球扩散的挑战，给中国向世界展示自身的机会。很多国外的朋友说能不能介绍一下中国抗疫的经验，能在这么短的时间内控制住疫情和发病率。在这种情况下，大家体验到病毒无国界，传染病对全人类造成威胁，意识到人类命运是一个共同体。因此，这可能是一个向国际展示中国形象的好时机，我们应该毫不犹豫地分享抗疫经验。

有个外国专家告诉我们，意大利医院没有那么多，询问方舱医院是怎么建的，设计图是怎么样的，测试是怎么弄的，他们非常需要中国的经验。疫情开始的时候我们得到日本、韩国等各个国家，包括广大华侨的支持和援助，现在是我们反过来回馈世界的时候，同时也是改善世界对中国刻板印象的机会。比如，2008 年奥运会之前，一些国家对我们的奥运火炬围追堵截式施压，而突如其来的汶川大地震，中国以一个开放的姿态，不仅使我们得到了多方的帮助，改变了世界对中国的印象，奥运会也顺利地举办。我们能不能转危为机？利用这次大疫情相对成功的经验向世界提供我们力所能及的援助，同时也向世界直接展示我们医疗技术的经验。我们正面临共同的威胁、共同的自然灾害，比如传染病或者其他天敌，但中国的医疗技术，比如中西医结合，包括疫苗的开发、共同合作等都是可以和世界分享的。

为了进一步保证全球化的价值链和其他各方面不受到致命冲击，中国需要主动担当，推动多边合作。对此，我有以下建议。

第一，二十国集团（G20）峰会原来是定 5 月在沙特阿拉伯召开，建议能不能就这个月开，由中国倡议发起 G20 首脑会议，就像 2008 年的金融危机以后，由布什在匹兹堡召开 G20 首次峰会以应对金融危机。现在的时机基本上和当时一样。如果 30 天的隔离在全世界蔓延持续下去，一定会带来很大的经济危机。即使中国控制住了，但如果全世界的经济垮掉了，我们还是不能独善其身。因为谁都不是一个孤岛，而是与世界紧密相连的，这个时候帮助别人也是在帮助自己。所以，G20 峰会很重要。一是分享中国的抗疫经验，看各国有什么需要，中国可以提供力所能及的帮助；二是各国的领导人要联合起来，包括世界银行，商讨能不能为世界提供新的经济振兴方案。当年G20 峰会开过后，中国推出了 4 万亿计划，率先支撑起经济发展，使世界尽快摆脱了金融危机。现在又到了这个时候，我们能不能让 G20 各国的领导人在一起，分享抗疫经验，协调全球的努力，同时能不能把经济振兴，比如说中国的基础设施计划、国外的一些计划、特朗普的方案，大家共同率领世界直接面对即将发生的大幅度的衰退危机。

第二，世界卫生组织在本次疫情中发挥了巨大的作用，那么世卫组织能不能立即召开世界各国的卫生部长会议，在技术层面尽快把世界卫生组织经验、中国经验以及其他各国经验，在全球范围分享？虽然世卫组织现在每天召开一个新闻发布会，但还是需要把各国的卫生部长协调起来合作对抗全球疫情。

第三，如果说疫情得到控制，比如现在每天只有一二十例发生的话，可能拐点很快就会到了。这个时候我们各种能力已经提升上来了，每天生产一亿多只口罩，我们可以向世界各国出口或者是援助；还可以应邀向各国派出中国专家。比如我们已经给意大利、伊朗派了专家，后面还可以给其他国家继续派出专家。现在我们应避免谈意识形态，而更多的是谈人类命运共同体。

第四，新冠肺炎疫情也是扭转其他国家对中国刻板印象的契机。通过与疫情博弈，让世界意识到，中国模式还是有它的独特性和合理性。包括口罩外交也好，民间外交也好，我们应该帮助世界各国共同应对疫情。

总的来讲，这次疫情暴发让人措手不及，但到了这个节骨眼，中国应该积极发声，不能往后看，不要去争论这个病毒从哪来，而是要向前看，联合世界各国一起把它消灭掉。

以推进多边双边合作凝聚抗疫合力

何冬妮[*]　危文锋[**]

新冠肺炎疫情已经演变为全球大流行。在此背景下，各国携手推进以抗疫为重点的多边双边合作，既是全球化时代有效抗疫的客观需要，也是完善全球公共卫生治理、有效破解公共卫生等非传统安全领域全球治理赤字的现实路径。

主要判断如下。

（1）疫情全球大流行冲击全球经济。疫情重创全球经济增长，对经济全球化造成严重冲击，阻碍国际多边双边合作的重大议程。

（2）病毒无国界，合作才是最优选项。短期内的联合抗疫行动很重要，更重要的是着眼中长期的多边双边合作机制与公共卫生治理机制建设。采取“事不关己”“独善其身”或“以邻为壑”“转嫁危机”的选项，即便短期内可能有效，也终将反噬自身，甚至引发更大的全球性危机。

（3）世界稳，中国更稳。中国应以推动多边双边抗疫合作的积极行动赢得更大主动权。当前，中国国内疫情逐步得到控制，复工复产步伐有所加快，但仍面临境外疫情输入性风险。更重要的是，中国命运早已与世界命运紧密相连，主动推动双边多边战“疫”合作，

* 作者系中国（海南）改革发展研究院副院长。

** 作者系中改院国际经济研究与合作交流中心副研究员。

并推动临时性合作走向建立中长期合作机制，不仅可以体现中国在抗击疫情中的大国责任担当，也是塑造有利于中国发展的外部环境、提升中国国际话语权和影响力的战略选项。

1. 把联合抗疫作为全球最紧迫的多边合作议题，完善全球公共卫生治理的多边机制

（1）在全球多边治理机制议程中增加合作抗疫的紧急议题，通过现有的多边机制完善全球公共卫生治理体系。联合国安全理事会是全球多边安全体系最核心、最权威的机构。联合国安全理事会的主要职责在于维护世界和平。从人类社会发展的历史看，大范围的病毒传播对人类发展的冲击不亚于战争造成的损害。中国在本月担任联合国安全理事会轮值主席国期间，可以主动提议把加强应对新冠疫情全球大流行的多边合作作为临时重要议题。中长期可积极推动联合国安全理事会的议程从以传统安全领域为主向全球公共卫生安全等非传统安全领域延伸覆盖。

（2）将公共卫生安全纳入全球安全战略，树立包含非传统安全领域的全球新安全观。以公共卫生安全的多边合作引领推动非传统安全领域的多边合作。健康与公共卫生是联合国 2030 可持续发展议程中的重要内容，但其重要性还没有上升到全球安全观的层面。各国应当积极参与和支持 2019 年 9 月世界卫生组织、全球免疫联盟、全球融资基金、联合国艾滋病规划署、联合国开发计划署、国际药品采购组织、世界银行、世界粮食计划署以及全球抗击艾滋病、结核病和疟疾基金等 12 个多边机构在联合国大会上发起的在未来 10 年内更好地支持各国加速实现与卫生有关的可持续发展目标的联合计划，使计划一一落到实处。

（3）推动建立更高层次的政策协调机制。二十国集团（G20）可以通过视频会议方式尽快举办临时首脑峰会。建议 2020 年的轮值主席国沙特阿拉伯把建立完善全球公共卫生安全应急合作机制列为

2020 年 G20 峰会的重要议题；建议建立 G20 卫生部长、外长、财长和央行行长共同参与的协调合作机制。

2. 加大对世界卫生组织的支持力度，尤其是加大对卫生设施和医疗能力薄弱的发展中国家和地区的抗疫物资和技术援助

（1）进一步发挥世界卫生组织（WHO）作为全球公共卫生领域专业性多边机构的重要作用。目前，发达国家面对疫情的冲击自顾不暇，卫生设施和医疗能力薄弱的欠发达国家和地区正暴露在巨大的风险中。在这样的背景下，一方面，要避免疫情政治化导致民族主义、种族主义和单边主义思潮在更大范围内蔓延；另一方面，要以世卫组织为核心，加大对疫情严重且卫生设施和医疗能力薄弱的发展中国家和地区的抗疫物资和技术援助。

（2）支持以世界卫生组织为核心，加强疫情监测、诊疗方案、诊疗药物、疫苗研究等技术和政策的国际合作与协调。

（3）大国、发达国家要积极加大对世界卫生组织的支持力度。加大对世卫组织发起成立的新冠病毒协同响应基金的支持，并鼓励公司、基金会等向世卫组织基金捐款。

3. 加强公共卫生安全应急区域合作机制建设，强化区域医药卫生产业供应链合作

（1）坚持“山川异域、风月同天”的合作互助精神。防止“以邻为壑”破坏抗疫合力。尽快将公共卫生安全等非传统安全领域的合作纳入现有区域合作机制议程。

（2）加快在抗疫物资供给、药物技术研发、政策措施协调等方面的区域合作。加强包括人员签证、出入境管理、航线物流、检验检疫以及宏观经济等领域的政策沟通与协调，共同应对疫情给公共卫生体系乃至经济社会带来的冲击。

（3）推动在中日韩、中国—东盟、上海合作组织、亚太经合组织（APEC）等区域合作框架下尽快建立公共卫生安全应急合作机制。日前，中日韩三国外交部门已经为防控疫情进行了三边磋商并提出争取早日举办三边外长会议。建议在中日韩三边外长会议的基础上进一步形成公共卫生安全应急长效合作机制。建议把携手应对疫情冲击的政策协调与应急机制建设作为APEC部长级会议和首脑会议重要议题的同时，在APEC框架下建立公共卫生安全委员会或公共卫生安全专业工作组。

4. 采取携手促进抗疫物资供应链安全发展、扩大应急医药物资供给的多边双边联合行动

（1）支持世界贸易组织（WTO）发起促进全球抗疫物资供应链安全的相关贸易议程。支持世贸组织加入全球“战疫”。世贸组织3月12日宣布正在重新考虑原定于6月8—11日召开的部长级会议。建议以视频会议的形式继续召开甚至提前召开第12届世贸组织部长级会议，把促进全球应急医药物资供应链合作和防止应急医药物资供应链“掉链”作为部长级会议的紧急优先议题。研究讨论在全球服务贸易和货物贸易遭遇疫情严重冲击的形势下，如何发挥WTO多边贸易体制的作用。

（2）促进全球应急医药物资贸易便利化，扩大全球应急医药物资供给。把应急医药物资贸易便利化的政策和制度安排作为最优先的多边双边贸易合作议程。呼吁全球医疗物资主要生产国在保障国内抗疫需求的基础上，要加大抗疫急需医疗物资的生产和出口。

5. 凝聚共识，采取积极有效的联合行动应对疫情引起的经济衰退和国际金融危机风险

（1）各国央行与世界银行、国际货币基金组织等多边机构要进一步加强对疫情引发国际经济金融危机的监测和预警。

（2）G20率先采取应对全球经济衰退的联合行动。G20应做出表率，把有效应对疫情引起的全球经济衰退作为G20促进宏观经济政策协调与全球贸易投资合作的重要目标。

（3）加强金融稳定的国际合作。G20 框架下的金融稳定理事会应对当前疫情可能引发的国际金融危机风险保持高度警惕，积极促进成员国就金融监管协同和金融信息共享开展合作，协调制定疫情冲击下稳定金融的监管政策和其他政策。

6. 中国要更加积极主动推动双边多边的联合行动与合作机制建设，以全面深化改革开放为疫情冲击下的全球经济提供中国动力

（1）中国要更加积极主动参与和推动双边、多边抗疫合作机制建设。在抗疫方面继续与各国保持公开、透明、密切的信息沟通。在巩固国内疫情防控向好势头、严防境外疫情输入性风险的同时，尽力为他国提供支持与帮助。

（2）在保障全球医药应急物资供应链安全中体现大国担当。中国是医疗物资主要生产国之一，在稳步推进复产复工的同时，应尽快把应急医疗物资产能用足，在保障本国所需的前提下鼓励加大出口。加大对疫情严重地区和医疗卫生能力薄弱的欠发达国家和地区的应急物资供应和技术援助。

（3）更根本的是要推进全面深化改革开放。加快形成释放需求和消费潜力的体制机制与制度安排。以服务业领域对外开放为重点，在扩大开放方面尽快取得新的突破。适应智能制造、远程办公、远程会议、零接触服务、无人零售等生产生活新模式的兴起，适应线上教育、线上培训、线上文娱、远程诊疗等线上消费服务的兴起，加快新服务、新消费、新制造的发展。

三　世界危机与金融风险

王　建：疫情防控的思考与世界危机的新形态

李　钢：疫情冲击导致世界经济衰退的风险加大

曹远征：疫情冲击与经济全球化的新范式

张　明：当前全球金融市场动荡的表现、原因及展望

疫情防控的思考与世界危机的新形态

王　建*

一　对于疫情防控的思考

（一）隔离是解决疫情最有效的办法

这次疫情可以说是百年未遇，一百年来历史上没有发生过大的疫情。最近的一次是1918年西班牙大流感，死了500多万人。之后没有发生这样的疫情。虽然那以后发生过各种各样的疾病，包括最近三四十年来一次全球性的大流行病，但是没有一个不是我们人类不认识的，我们都有办法控制它。但是，这次的新冠肺炎疫情和以前完全不一样，和非典不一样，和埃博拉不一样，它出现了很多新的特点。可以说直到现在，我们都没有揭开它的真面目，都没有认识它的本质、它的规律。比如，原来我们认为新冠病毒攻击肺部，但现在发现它不仅攻击肺部，还攻击免疫系统。而攻击免疫系统是艾滋病的特征。应当说，这样的病毒我们从来没有见过。

现在应对新冠病毒最有效的办法只有一个，就是中国采取的隔离，其他办法没有一个可以有效对付它。隔离是一种什么形态呢？隔离就是打防疫战。我们把自己和病毒隔离开，把病毒困死、饿死，用这样的办法消灭疫情。因为我们没有进攻的手段。什么是进攻的手段

---

* 作者系中国宏观经济学会研究员。

呢？是特效药、疫苗。但是，直到现在特效药和疫苗还没有。这种疫苗真正进入到临床，没有一年的时间是不可能的。没有疫苗也没有特效药的时候，只能用防守的策略才能成功。中国就是用防守的策略成功了，我们把这些检测到有病毒的人隔离开来，让它在人群中不传播。实际上，现在医院中使用的所有办法都不是杀死病毒，而是靠人体的免疫力。

（二）全球应对新冠肺炎疫情的模式

当前，全球对抗新冠肺炎疫情有四种模式。第一种是中国的彻底隔离。第二种是韩国的检测。检测了以后把有感染的人隔离出来，同时对重点疫区进行隔离。第三种是英国、德国等欧洲国家的模式，有能力检测，但是不检测。因为他们知道，检测出来也没有用，检测出来的这些人到医院也治不好，反而还会造成极大的社会恐慌，所以干脆就不检测、不治了，看谁有造化就活下来。第四种模式是印度，就是根本不检测，也没有能力检测，也不知道有多少。印度的医疗体系到现在还没有进入到现代社会，在邦以下基本上没有疾病控制预防中心（CDC）和流调体系这一套，它的确诊人数统计，可能都是在大城市的医院里从收治的病人中检测出来的。但在医院之外根本就不知道有多少。

所以，全球是 ABCD 四种模式，但是中国这种模式能推广吗？在世界哪个国家能像中国这样采取彻底隔离的办法呢？可以说一个也没有。另外，中国还有一个特殊性，当我们发现了武汉有问题、湖北有问题的时候，我们把 1500 万人的整个城市、6000 多万人的整个省彻底隔离。彻底隔离意味着整个社会经济活动全部停摆。这个含义是什么？这些人还要吃、还要活，是靠其他人来养活。财政部有一个统计，一个大约 4 万亿 GDP 的省份，占全国 GDP 的 4%，2 月湖北基本上没有税收收入，个税也没有，企业税也没有。这就是说，全国 14

亿人保6000多万人，以96%的GDP保4%。因为它停产，我们得养得起。

从全球看，世界上哪一个国家能承受得起呢？哪一个国家能够像中国这样让它停产，然后去养它。意大利向欧盟伸出求援之手，要求其他国家帮它。但是，没有一个国家响应，只有中国响应，我们是在欧盟之外的国家。欧盟国家帮不了它，是因为他们自己都自顾不暇，谁还来帮它的忙呢？

（三）疫情后续可能的演变

从湖北武汉可以看到一个现象，这场疫情来了以后，可以导致整个经济彻底瘫痪。意大利现在离瘫痪不远，欧洲现在离瘫痪也不远，美国俄亥俄州官宣有10万人感染。不知道这个10万的数字是怎么来的。它是一个非常快、非常大的蔓延速度。

最近这两周，感染人数速度是7天增长10倍。复旦大学2月中旬推出的模型，预测是19天增长10倍，但欧洲这几天的情况是7天增长10倍的速度。这是什么概念呢？疫情在美国、欧洲传播2个月的时间，会发展到什么程度？我说就是外国人讲的上亿人感染、上百万人死亡甚至几百万人死亡。这只是发达国家，还不要说发展中国家。

现在七国集团说要开会讨论抗疫，检测、加强边境管控。我看了大量国内外的分析，很多人把这次疫情当做一个一般的疫情，疫情过后全球化又回来了，我们大家考虑怎么分工、怎么合作、怎么整合，还在考虑这些问题。但是在我看来，恐怕已经不是这样的一个前景了。现在我们看到湖北的武汉是什么，那就是未来的欧洲、未来的美国；发展中国家还不如欧洲、还不如美国。当这些疫苗和特效药大概一年后进入到临床可以救人的时候，要等着发达国家把自己的人救了，把OECD的10亿人救了，才能轮得到50亿发展中国家的人口。

所以，我们与其想得简单不如想得复杂，与其想得轻不如想得重。往好的想谁都可以想。但是，真正出现这些问题的时候会是什么样，这就很难说了。

二 世界危机的新形态

我们应当怎么看疫情对全球化的冲击？冷战以后，新全球化让世界产业紧密地连成一体。过去全球大瘟疫，再怎么冲击，影响都是局部的。西班牙流感，那也只是在西班牙，只是在欧洲。但是，现在不一样。冷战后的新全球化让世界各国紧密地联系在一起，任何一个产业链的环节断裂都可能引起整个产业链的停顿。

有数据表明，在中国整个出口中，中间产品占了世界全部中间产品的 20% 。中间产品是产业链中的某一段链。中国进口中机电产品占六成，其中主要是零配件、元器件。如果停摆的话，先是中国经济停摆，后是世界经济停摆；先是中国产业链断了影响世界，然后是世界产业链断了反过来影响中国。所以，要把疫情看得非常严重，它可能导致世界经济瘫痪。当整个世界产业链断了以后，中国会受到什么样的影响，我们现在还不是特别清楚。但是，我们知道肯定是非常大的影响。

这次疫情导致的是世界危机的新形态，那么，世界危机的新形态是什么呢？

首先，这个新形态的特点是短缺型危机。冷战前资本主义都是生产过剩，从 1825 年英国第一次爆发的商业周期危机就是过剩危机，一直持续到冷战结束都是过剩危机。冷战结束后出现了危机的新形态，就是日本的 20 世纪 90 年代经济危机和美国的 2007 年次贷危机，都是金融危机，不是生产过剩危机，但是，危机的新形态伴随的是通缩，这从实物层面考察还是有过剩。可是，这次我们看到了什么呢？

如果经济停摆导致产业链断裂，各国的生产都无法继续，势必出现严重的供给短缺。因此，这次可以说是短缺型危机。我们说中国自己是全产业链，什么都能生产，但是其中很多中间产品要靠国外；很多初级产品，包括最上游的粮食、农产品、石油、矿石等都是靠着外部世界来保障供给的。

其次，世界危机的新形态会带来全社会的恐慌。如果这些供给断了，你会怎么办？为什么本周我们看到美国爆发了一场前所未有的金融市场大恐慌，道指从 2.9 万点摔到 2.1 万点，跌了将近 30%。大家恐慌什么呢？恐慌的是上市公司在疫情打击下一个一个地瘫倒，那些投资人手里拿的股票和债券是一卷卷的废纸，根本就没有用。所以，不管央行投多少货币，能在键盘上敲出货币、敲出实物吗？能补得上制造业产业链的断环吗？这靠央行是救不了。所以，这次危机与过去 300 年资本主义世界史上的危机不一样，它是一种短缺型危机。

最后，强需求抑制停产和强供给抑制停产并存。以往要么是总需求不足，要么是总供给不足。但是，这次既包括需求强抑制，也包括供给强抑制。需求强抑制是因为收入下降了，居民没有钱了，也不买房了，也不买车了。汽车市场和房地产市场之所以跌得这么猛，就是因为收入下降。这是属于强需求抑制。

此外，同时还伴随着强供给抑制。现在伊朗疫情闹这么厉害，接着是沙特阿拉伯、科威特、伊拉克，海湾国家感染是暴发性的增长。如果这些农产品、矿石、石油停运了以后，我们自己是不是会受到非常强的供给抑制？没有能源、没有矿石、没有农产品，生产怎么运转呢？这样的问题我们一定要考虑到。我们最近也在给有关部门建议，要好好把中国的产业链理一理，看看哪些是基本的，我们能够保证。从这个角度，现在第一位的是要保民生、保农业，让中国人有饭吃，让中国人在断了 20% 的粮食进口后还能保障不会饿肚子，70% 的石油断供以后，经济还能转得起来。

疫情冲击导致世界经济衰退的风险加大

李　钢*

第一，疫情冲击在中国之外地区的蔓延，是所谓抗疫的下半场。下半场对全球化冲击的影响可能会更大。疫情什么时候到高峰？中国的高峰期已经过了，中国成功地遏制和控制了疫情，已经基本显示出了一个非常好的趋势。但是，中国之外的其他地区什么时候达到高峰，还是一个很大的未知数。

疫情对全球化的冲击，主要是阻断了人民的生产生活，对于全球来说，经济生活也被阻断了。从人的本能来说是求生、谋生、安生、乐生、永生，生生不息。这对于个体、对企业、对国家来说都是如此。就全球化本身来说，除了我们讲到的全球化不同阶段、不同特点之外，我觉得最根本的是全球化特别是经济领域的全球化，是强调贸易一体化、生产一体化、投资一体化、服务一体化等。正是由于疫情的暴发和持续的蔓延，世界卫生组织（WHO）总干事宣布这是全球大流行的疫情。它对贸易、生产、投资、服务的一体化都有很大的冲击，这些一体化的运营本身是需要规则的，其背后是规则方面的一体化。在这样一个情景下，全球经济可能在某种意义上被阻断，甚至在一些国家停摆。中国经历的阶段可能会在其他国家重演。因此，疫情在全球蔓延，使得经济全球化本身肯定要受到冲击。

---

* 作者系商务部国际贸易经济合作研究院学术委员会主任、研究员。

实际上，对于全球的供应链、产业链、价值链来说，这种冲击非常明显。WHO 和经济合作与发展组织（OECD）前期已经有报告，他们已经做出这样的研判，2008 年以来，全球价值链是在缩短的，区域价值链有着增强的趋势。但是，疫情导致的这种阻断不光是所谓全球的或区域的。可能之后会被国别、地区采取边境措施所阻断。

这种情况下，我们对于全球化要有新的理解，未来疫情对全球化的冲击可能导致全球化范式要做新的调整。各方面也要做新的考量，不管是企业层面、国家层面还是国际层面，都有这样的新考虑。

第二，疫情冲击与近期和前期酝酿的一些因素在叠加，而且叠加效应不断显现。前期主要是中美经贸摩擦，近期是美国股市暴跌、债市的问题和石油价格暴跌。石油价格的暴跌会带来全球的初级产品价格等一系列调整，进而对全球的供应链和下游的产业造成非常重大的影响。对于这个叠加的影响我们非常重视。OECD 报告中提出的判断，实际上它还有一个前提条件，就是中国成功地控制疫情蔓延以及疫情不在亚太、欧美地区广泛传播。但是，前一个条件，中国自身是控制住了，但是疫情在亚太、欧洲、美洲地区正在广泛传播。所以，OECD 的中期展望报告指出，2020 年全球经济增速可能仅为 1. 5%，而不是现在的 2. 4%。对于 2020 全年来说，全球经济陷入持续性衰退应该说是可以预期的，是一个大概率的事件。

第三，疫情冲击的影响在不断地加深，应该做好各种各样的准备。从全球的层面来说，上半场是中国影响世界，下半场是世界影响中国。在相互依存的世界里，谁也不可能独善其身。产业链、供应链断裂，旅行受到限制，国际空运、海运受到重大打击，各国贸易人员限制增多，贸易门槛壁垒高筑，国际投资受到更大的影响，国际金融市场持续动荡，全球需求萎缩，经济增速下滑。一些国家出现零增长甚至是负增长。在这种经济衰退的情况下，各国都在采取行动来应对。

在国际合作和协调层面上，我非常赞同召开二十国集团（G20）的网络峰会协调解决全球抗疫问题，解决在公共卫生领域防止疫情的进一步蔓延和协调各国政策，这方面是非常重要的。此外，对于全球经济的发展，宏观调控的协调也很重要。除了公共卫生领域之外，WHO 层面也需要进行相关的协调，应该把它列为一个重要的议题。同时，各国现在所构筑的贸易壁垒，对于人员的限制已经对全球供应链产生了影响，因此，有必要在世界贸易组织（WTO）层面进行紧急磋商，协调相关的边境措施的一致性。还有世界海关组织（WCO）以及世界旅游组织（UNWTO）。所以，在这些层面上，我们希望在 G20 项下的各个领域，跟抗疫相关的各个领域全球政策的协调，各国应积极参与并出谋献策，尽快地控制疫情在全球的蔓延，进而减少减缓对全球经济的冲击，这对于未来全球的发展应该是非常重要的。

疫情冲击与经济全球化的新范式

曹远征*

过去一周，世界金融市场严重动荡。美国历史上股指只熔断三次，但其中两次都发生在上周。3 月 12 日的熔断导致了包括美国在内的八国市场熔断。与此同时，这次动荡是全局性的，股市、债市、汇市、贵金属以及以原油为代表的大宗商品都大幅下挫。市场像“过山车”一般，一天一震荡，为历史所罕见。从一线的角度观察，问题可能比我们想象得更严重，因此现在不是讨论经济全球化“应该怎么样”，而是“只能怎么样”。从这个角度，我谈几个问题。

一　疫情冲击很可能改变世界经济范式

过去讨论经济全球化，都是沿着其自身逻辑展开的。冷战结束后，全球各经济体几乎无一例外地采取了市场经济体制。体制的一致性，使制度性交易成本极大降低，全球的可贸易程度大幅提高，国际贸易由商品贸易走向了生产要素贸易，表现为投资贸易自由化，制度安排由关贸总协定（GATT）走向世贸组织（WTO），进而形成了全球的产业链和供应链。在这一趋势下，尽管也有一些阻碍全球化的不利因素，例如全球气候变暖、收入差距变大等，但都是经济全球化的

* 作者系中银国际研究公司董事长。

副产品。理论上可以进行控制或调节。然而，这次不一样。疫情对经济全球化的挑战，不仅是外部冲击，而且逻辑也与经济全球化背道而驰。其集中体现为：经济全球化需要互联互通，但是应对疫情又需要隔断。这种内在的悖论，既生成了认知的困惑，也给各国决策造成很大的麻烦。究竟是隔断还是互联互通，各国判断不一，出现了不同的应对模型，相应地也会产生不同的经济后果。事实上，疫情正在显著地改变着人们的生活方式与行为方式，进而影响着生产方式。这些都会或正在引致世界经济的范式变迁。

其实，从以往经济全球化的历程来看，世界经济的范式一直在变迁中。2008 年金融危机前，人们认为经济全球化主要表现为与实体经济相关的全球扩张上，呈现为 GDP 的增长与波动。因此，人们的注意力集中在防止周期性波动所产生的经济衰退上，更注重熨平经济周期及促进增长的全球宏观经济政策的形成与协调。但是 2008 年的金融危机打破了这一惯性思维。区别于实体经济中周期产生的生产过剩的传统危机，金融危机是以快速去杠杆为代表的资产负债表衰退危机。它是长期以来刺激经济政策所导致的宏观杠杆率过高的后果。金融危机使人们对经济全球化形成新的认识：金融活动不能一味地顺周期，一味地加长杠杆，而应逆周期地适当节制。由此形成了以控制杠杆率为主要目标的宏观审慎管理的金融监管要求，并加强国际协调。正是面对经济全球化范式这一变化，2018 年，按照党的十九大要求，中国人民银行的职能由单一的货币政策改为货币政策与宏观审慎管理并重的双重职能，初步形成了“双支柱”宏观调控的框架，从而在这方面也走在世界的前列。

此次疫情的出现和发展暴露了不适应经济全球化的短板，预示着未来应把公共卫生、社会福利以及与此相关的收入均等化纳入全球化视野，形成新的全球协调和治理机制。事实上，进入 21 世纪，经济全球化的发展就伴随着各种国际疫情的频繁出现。SARS、禽流感、埃博拉，尤其是此次全球大流行的新冠肺炎，表明未来经济社会很可能是与病毒共存共处的经济社会。这也是英国宣布“群体免疫”措施，瑞典也宣布放弃对疫情的控制的一个重要原因。人类和病毒共存共处，不断搏斗，这使经济全球化呈现为新的状态。这个状态是我们过去从来没有遇到的。预示着，现在及未来的全球化跟过去的全球化已经不是同一个逻辑了。面对这种可能出现的经济全球化范式变迁，我们要超前研判，以免再次陷入措手不及的被动状态。

二　疫情冲击的严重程度远比想象的大

应对疫情需要隔断，而经济全球化需要互联互通。两者之间的悖论使市场预期不稳，构成了金融市场大起大落的原因。上周，分属不同金融市场的各种金融产品几乎同向下跌，这是以前从来没有见过的。原因有三个方面：一是前所述及的对未来预期严重恶化；二是这次疫情蔓延到世界，主要是欧洲和美国这些国家。这些国家产业结构是服务业为主，而服务业又是以现金收入为主的产业。服务业受到严重打击，流动性严重困难，也就意味着债权债务难以维持，变现长端资产以解燃眉之急，导致固定收益市场的下跌。这也是美国之所以要向金融市场紧急补充流动性的原因；三是石油价格暴跌。石油价格出现的问题非常蹊跷。按理说，全球疫情冲击下总需求在减少，石油价格有下跌的趋势，石油生产国的正常应对办法应该是限产保价。但是，这次石油输出国组织（OPEC）和俄罗斯谈判失败，反而扩大石油产能。市场猜测的原因是，沙特阿拉伯这次下决心要把美国的页岩油气挤出市场，俄罗斯也乐见其成。于是，两国在已萎缩的市场上为扩大自己的市场份额，竞相提高产量，导致油价的急剧下跌。石油产品既是物质产品也是金融产品，相当大一部分金融衍生产品与石油价格相挂钩，油价大幅度下跌导致金融衍生品方向性的变化，如果对冲不足，就会出现系统性崩溃的风险。这就是股市、债市、汇市，黄金和石油价格同向大幅下跌的原因。在这种情况下，特朗普宣布增加石油储备，希望通过美国购买把石油价格抬上去，既避免金融衍生品下跌导致的系统性崩溃的风险，也避免美国页岩油气这个新兴的传统产业垮台的风险。

需要指出的是，美国这次采取的措施和 2008 年应对金融危机的措施有很大的不同。除了出手比较大，一次性补充流动性外，还表明每周都要持续。同时，也将救助措施结构化了。对中小企业要进行多种补助，还要对中低收入家庭提供财务支持，例如免除其子女教育贷款的利息，补助其上网课的费用等。更为重要的是，美国宣布进入紧急状态。这意味着美国可以用行政手段，用国家力量来干预经济活动。有人戏称“美国正在准社会主义化”。

目前来看，疫情是引导整个形势未来变化的关键变量。但疫情发展的态势及走向，我们真的不是很清楚，有极大的不确定性。现在中国是基本控制了疫情，但是国外才刚刚开始，不排除将来国外还要输入的可能性。因此全球联手抗疫，切断疫情对经济的冲击，以消除不确定性，是最好的宏观经济政策。

三 爆发新型全球金融危机的风险在加大

在近几年去全球化的逆风下，全球治理体系及国际协调能力已有很大伤害，面对疫情的发展，2020 年的全球经济金融形势变得令人非常担心，很可能会爆发新的金融危机。这个危机不仅仅是像 2008 年以去杠杆为代表的金融危机，也不仅仅是像 1997 年以货币大幅贬值为代表的亚洲金融危机，而很可能是两者兼而有之的综合性金融危机。有专家提到中国经济看好、人民币稳定的趋向，我们也同意。但现实的状况好像不是这样。过去一周，资本似乎是从中国大量流出，人民币汇率是在贬值的。这表明，尽管逻辑上讲人民币是避险资产，而且人民币的利差比美元的利差高多了，有吸引力，但是市场表现并不是按照理性逻辑走的，有时甚至是非理性的。在新冠疫情冲击下，全球资本变成无头苍蝇，在各个市场间，在各国之间来回乱窜。这种乱窜很容易引发像类似于 1997 年资本突然从一国大量流出，造成本币汇率大幅贬值，进而相互传染，造成持续时间长、损失严重的亚洲金融危机。以现在国际资产流动的态势看，出现这种情况的概率是增大的。市场非常担心那些财政和国际收支均有赤字的发展中国家和“一带一路”沿线国家和地区经受不住这种冲击。其中金砖国家中印度、巴西、南非等“双赤字”大国要高度关注。一旦这些国家出现类似情况，再加上当前以去杠杆为代表的发达国家的金融市场动荡，极有可能出现新型的全球性金融危机。

四 根据疫情的全球发展变化做出针对性应对

疫情的发展对当前世界经济形势具有边际引领作用。就现有的疫情形势看，有两个特点：第一，疫情流行时间长，即便按照中国完全隔离的方法，也得需要两个月时间。第二，现在疫情已在世界多点暴发了。如果把这两点合并起来，疫情在世界的流行会呈现为各国的轮流继发。中国的疫情到尾声了，但是韩国正处在高峰拐点上，伊朗又接替成为高峰；目前意大利变成高峰了，很快是法国、西班牙，紧接着是美国。这就意味着，疫情对全球的冲击不是一次性的，是一波又一波的，从而对全球化产业格局冲击的领域和时点是不一样的。

疫情首先暴发在东北亚地区，第一个冲击波是对高技术产业。日韩主要是芯片制造国家，目前疫情已对高技术产业产生很大的影响。第二个冲击波可能是对能源。中东地区是石油的主要生产地，如果伊朗的疫情蔓延到中东，将对能源的供应产生重大的影响。第三个冲击波是对服务业。目前，欧美的疫情预计很快会连成一片，会对整个服务业，特别是对英美的金融服务业产生重大影响，并波及全球的金融服务业。

从现在的疫情地理分布上看，主要发生在北半球。于是，人们有了一个猜想，新冠肺炎病毒不耐热，随着温度上升，疫情会减弱进而得到控制。由此，疫情会在夏季结束。但是新加坡情况证明，这仅是一个猜想。疫情持续的时间可能比人们想象得要长，新冠病毒也有可能变异，进而形成与人类长期共处的局面。在这种情况下，不能有“毕其功于一役”的侥幸心理，而应做长期作战的准备。针对疫情在各国间继发的特点，有针对性对不同经济领域做出预案，要精准施策而不是泛泛而论。

五 以抗疫为中心重新审视经济全球化并付诸行动

经济全球化可能出现的新范式，意味着我们不能再沿传统的逻辑去讨论和推进经济全球化，而需要新思维。当务之急是以抗疫为中心，重新审视全球化的安排并加以实施。当前的情况有些类似于2008年金融危机爆发时的情形。当时认为金融危机是万年未遇。需要全球联手共同应对。法国率先提出建立G20的倡议。2009年在G20第一次峰会上，各国领导人达成了促进全球强劲、平衡、可持续经济增长的共识，并决定采取一致性的积极财政政策和宽松货币政策的行动来遏制。面对疫情的挑战，现在又到了这个时候了。

当前全球金融市场动荡的表现、原因及展望

张　明*

一　当前全球金融市场动荡的表现

2019 年全球资产市场表现非常火爆，无论是风险资产还是避险资产的价格都在上涨。从 2020 年年初到现在，总体来讲是风险资产在下跌，避险资产在上涨。尽管最近几天黄金等避险资产价格有所下跌，但总体而言避险资产价格仍是上涨的。最典型的风险资产是全球发达国家股市和原油，最典型的避险资产是美债。美债一直在涨，现在美债 10 年期国债收益率仅为 0.7% 左右，这是有史以来的最低收益率，表明投资者是在热烈地追捧美债。黄金价格总体上是上涨的。美元指数今年比较有趣，从年初到 2 月底都在上涨，一度接近 100，但最近回落到 95 左右。

二　全球金融市场动荡的直接原因和深层次原因

这一轮全球股市下跌非常猛烈。3 月 9 日、12 日两天，道琼斯工业指数分别下跌超过 2000 点，并两次触发熔断。尽管 13 日出现了显

* 作者系中国社会科学院世界经济与政治研究所国际投资研究室主任、研究员。

著反弹，但是从目前来看，道指、标普 500 与纳指距离 2 月中旬的最高点均下跌了 20% 左右，从技术上来讲已经陷入衰退。

这次美国股市下跌的直接原因有二。

本次股市下跌的原因之一，是新冠肺炎疫情的全球扩散，以及发达国家政府应对疫情表现不力。最新数据显示，截至 3 月 14 日下午，全球除中国外的疫情确诊人数超过 6 万人，中国是 8 万人，加起来是 14 万人。这两天全球新增确诊人数，基本上是一天 1 万人。这造成投资者风险偏好下跌、避险情绪加剧，进而大量出售风险资产。

这次美国股市的下跌恐怕还没有结束。美国股市这几年上涨跟前几年上涨的原因不一样。美股从 2009 年到 2019 年，连续上涨了 11 年。2017 年之前，美股上涨有一个重要原因，即美国股市的头部企业赚了很多钱，他们用利润回购股票，推高了每股盈利，进而带动股价上涨。

2017 年以后，美国股市的情况有所变化。

第一个特点，由于低利率长期持续，有一些过去风险偏好较低的投资者，比如说各国养老基金、保险公司的资产收益率明显下降。这种公司未来有很多固定支出，低市场利率将会提高未来固定支出负债的净现值。资产收益下降、未来负债上升，使得此类投资者不得不把更高的资产比例投资在股市上。举个例子，挪威养老基金的资产组合目前 70% 是股权，30% 是非股权，股权比重比以前提高了很多。

第二个特点，大量长期机构投资者进入美国股市，主要是投向被动投资产品，例如交易型开放式指数基金（ETF）。这种产品的特点是投资模式非常相似。一旦股市显著下跌，所有开展被动投资的公司都会同时卖出股票，而且卖的股票也都非常相似。这无疑会加大股市波动。

第三个特点，这几年美国股市出现头部化的特征。例如，纳斯达克市场大部分市值都集中在前几大公司，像脸书、谷歌、亚马逊等企业。

上述三个特点加在一起，这就形成了一个链条。很多有长期稳定资金的机构投资者通过 ETF 大量投资在美国股市的头部科技蓝筹企业上。一旦特定冲击导致头部企业利润下滑，或者特定外部冲击发生，导致所有投资者在同时抛售相同的股票，这就很容易引发股市的大动荡。

本次股市下跌的原因之二，是全球原油价格暴跌，导致很多美国页岩油气企业发行的高收益债券违约，造成相关投资者出现严重亏损。他们为了止损与获得现金，除了卖高收益债券之外也会卖股票，这也是美国股市下跌的直接原因。

除了直接原因外，本次美国股市下跌还有三方面的深层次原因。

第一个深层次原因是全球经济增长低迷。2019 年全球经济增速从 2018 年的 3.6% 降到 2.9%。目前来看，2020 年全球增速铁定跌破 2.5%，而 2.5% 是全球经济衰退的分水岭，因此，今年全球经济陷入衰退是大概率事件。数据显示，2019 年第四季度全球前十大经济体中，有 7 个经济体都处在衰退边缘。日本 2019 年第四季度是 -7.1%，因为 2019 年下半年有一次消费税改革。德国是零增长，英国是零增长，法国是 -0.1%，意大利是 -0.3%，加拿大是 0.3%，巴西是 0.5%。换言之，在疫情冲击还未发生之前，全球十大经济体中就有 7 个已经处在衰退边缘了。在疫情冲击之下，这些主要经济体的表现无疑会更加糟糕。

第二个深层次原因是发达国家目前应对经济下行的政策空间比较狭窄。从财政政策看，目前发达国家政府债务占 GDP 的比重已经不低。美国高于 100%，日本在 200% 左右，只有德国情况稍好一些，大概在 60%、70% 左右。总的来看，发达国家进一步财政宽松的空间比较窄。特朗普在美国经济繁荣时期仍在大量花钱，现在美国的财政空间也不是那么宽裕。从货币政策来看，目前四大发达经济体中，欧元区与日本的政策性利率已经为负了，美国这次降息之后只剩下100个基点的降息空间。英国这次降息之后只剩下50个基点左右的降息空间。因此，四大发达经济体均可能很快进入零利率甚至负利率状态。从十年期国债收益率来看，日本和欧元区也是负利率了，美国目前约为0.7%，英国则不到0.5%。这意味着全球长债利率也快为负了。由于传统政策空间濒临消失，因此货币政策除了做量化宽松外已别无选择。

第三个深层次原因是中东地区的地缘政治博弈正以新的形式出现。这次油价暴跌的表面原因是俄罗斯和沙特在减产协议上没有谈拢，但也许还有更深层次的原因。例如，有说法认为，沙特阿拉伯与俄罗斯这次是在联手打压美国页岩油气生产商。又如，俄罗斯跟沙特一直在中东地区角力，伊朗问题背后有他们的影子，叙利亚问题背后也有他们的影子。但是，这次角力的方式比较奇怪，可谓杀敌一千、自损八百。对于石油出口国来讲，油价持续走低对他们是不利的。所以，中东地区地缘政治冲突的后续演化仍值得我们高度关注。

三 未来一段时间全球经济金融展望

第一个判断，目前来看，全球发达国家的股市调整尚未结束。不能因为3月13日美股大涨，就觉得美股调整结束了。13日美股大涨的直接原因是白宫出台应对疫情的新措施，资本市场对此有正面反应。从2000年和2008年两次美国熊市来看，熊市持续时间一次是两年半，一次是一年半。以史为镜，这次美股的调整可能还没有结束。

第二个判断，全球经济可能在2020年上半年陷入衰退。持续的时间长短不太好说，但全球经济今年的增长前景是非常不乐观的。

第三个判断，金融市场上有两个潜在的风险点可能在未来爆发。第一个潜在风险是南欧国家的国债。现在投资者风声鹤唳，等到他们醒悟过来之后，他们会开始在全球筛查风险脆弱点。意大利在 2019 年下半年经济已经接近零增长了，最近疫情又这么严重，但意大利十年期国债收益率目前还是个位数。希腊的十年期国债收益率目前也很低。这无疑是巨大的潜在风险，市场很快就可能重新大规模做空南欧国家国债。第二个潜在风险是一些新兴市场国家。新兴市场总体上会面临新一波资本流出。几个经济基本面脆弱的新兴市场国家借了很多外债，经常帐户余额持续为负，这样的国家未来可能遭受较大冲击，例如阿根廷、巴西、南非等。

第四个判断，疫情过后国际经贸冲突可能再次升级。这次股市大跌导致特朗普被打脸，因为过去一直把股市上涨作为他的政绩。他应对疫情不利可能也会降低支持率。这两个因素导致特朗普在国内的选情面临重大考验，在这样的情况下，他会不会找替罪羊，会不会重新把中国拎出来扣帽子，这是很有可能的。因此，我们要警惕未来一段时间内各种双边与多边的经贸冲突再度升级。

第五个判断，各国政府会进一步放松国内宏观政策。不管有没有政策空间，都会继续放松。美国、欧元区、日本重启量宽或是扩大量宽规模，是板上钉钉的。在量宽政策压低市场利率之后，政府再通过大规模国债发行来为下一步的财政支出融资，也是大概率事件。但这次的危机和 2008 年的危机不太一样。2008 年的危机是卖方加杠杆购买风险资产，而风险资产价格的下跌最后引发了流动性枯竭与风险传染。这次是资金来源比较稳定的长期机构投资者投资遭遇严重亏损。所以，货币政策扩张在应对这次危机上可能不会像 2008 年那么有效，更重要的是扩张性财政政策。但是，扩张性财政政策的实施要比货币政策困难得多。有些国家政策空间已经很窄了，而欧元区国家在财政宽松问题上从来都没有达成过一致。因此，这次应对金融市场动荡的宏观政策挑战要大于 2008 年。

贰

疫情全球大流行下，中日韩面临哪些共同挑战？

在新冠肺炎疫情全球大流行的背景下，中日韩三国都面临巩固国内疫情防控向好势头、严防境外疫情输入性风险、应对疫情对全球供应链冲击等共同挑战。中日韩如何以务实合作携手应对疫情全球大流行的共同挑战？如何以更紧密的产业合作携手应对疫情对中日韩供应链的冲击？如何以特殊时期的特殊贸易政策推进中日韩更加紧密的产业合作？

一　疫情全球大流行下的中日韩合作

迟福林　何冬妮：疫情全球大流行下的中日韩合作

贾庆国：应对疫情全球大流行需要中日韩加强合作

安忠荣：对中日韩紧急联合行动议程的几点建议

小原雅博：全球性危机需要全球性解决方案

濑口清之：加强合作是应对疫情的关键

疫情全球大流行下的中日韩合作

迟福林[*]　何冬妮[**]

疫情全球大流行很可能改变经济全球化的既有格局，全球供应链、产业链将发生某些重要的变化。为适应这种变化，中日韩全方位合作的战略性、全局性将凸显。

第一，推动形成中日韩制造业分工合作新机制。总的来看，中日韩产业互补性强，制造业产业内的分工协作紧密。在疫情全球大流行给中日韩制造业供应链带来严重冲击的背景下，中日韩应以共同维护制造业供应链安全稳定为重点，推动形成三国制造业分工合作新机制。

（1）在与抗疫直接相关的医药、医疗设备及其他抗疫物资等制造业领域形成分工合作新机制，携手保障抗疫相关产品和物资的供应，共同维护区域抗疫医药医疗产品和其他抗疫物资供应链的安全稳定。

（2）在汽车制造、电子通信、机械设备、工业机器人等制造业领域形成分工合作新机制，提升三国在这些产业领域的贸易投资自由化和便利化水平，携手维护中日韩关键制造业供应链的安全稳定，推动三国制造业向全球价值链的上游发展。

---

* 作者系中国（海南）改革发展研究院院长。

** 作者系中国（海南）改革发展研究院副院长。

（3）在跨境电商、线上零售等领域形成分工合作新机制。支持三国企业共同打造制造业跨境网络销售平台和跨境网络服务平台等，加强三国供应和销售网络安全监管协调机制建设，促进三国制造业产品在彼此市场的流通和消费。

（4）在保障制造业供应链畅通的跨境运输、物流、通关、检验检疫、商务人员与技术人员出入境等领域及其关键环节加强协作，促进标准对接，加强监管协同，以此提高三国制造业货物进出口和人员流动的便利性。

第二，建立中日韩制造业供应链安全稳定三方协调、联合评估及风险预警等机制。随着疫情在全球的快速扩散，全球性的产业链断裂、供给短缺，很有可能成为现实，并可能引起全球性的经济衰退。应对疫情的严重冲击，中日韩要以维护区域产业供应链安全稳定为重要目标，加强三方产业供应链安全信息沟通与协调、联合评估、风险预警等机制建设。

（1）建立中日韩制造业供应链安全三方信息沟通和协调机制。中日韩政府相关部门或相关行业协会牵头，建立防范中日韩制造业供应链中断的三方信息沟通与协调机制，促进三国制造业供应链上的上下游企业之间、相关企业与政府部门之间的复工复产信息和数据及时分享，建立支持三国企业采取合理防疫措施加快复工复产的协调机制。

（2）建立中日韩制造业供应链安全三方联合评估机制和风险预警机制。建议由中日韩政府相关部门或相关行业协会牵头，对中日韩制造业供应链安全稳定进行定期联合评估，形成供应链安全报告，及时向政府、企业发出供应链中断风险预警，并及时向政府提出防范供应链安全危机的建议报告，为政府出台针对中日韩制造业供应链上的中小企业援助决策提供参考。

第三，根据疫情防控进展及时调整三国间人流、物流等管控措施，促进制造业供应链的畅通运行。中日韩应充分利用三国已经建立起来的公共卫生安全合作机制，在联合抗疫的前提下，逐步稳妥畅通信息流、物流、人流，推进投资和贸易自由化、便利化。

（1）建立三国卫生、商务、工业管理部门、海关等共同参与的协调机制，确保三国间抗疫医药医疗产品和其他抗疫物资的出入畅通。同时，降低甚至取消抗疫医药产品、医疗救治设备及相关物资的关税，减少阻碍这些产品在三国间流动的边境措施和边境内措施。

（2）在严防疫情反扑的前提下，推进三国疫情防控指南相互衔接，及时取消因抗疫需要采取的临时性人流物流限制措施。

（3）共同维护和促进三国间货物和服务贸易自由化和便利化，大力发展零接触式运输、存储和物流配送，以此促进三国间制造业供应链的畅通运行。

第四，务实推进中日韩自贸进程。疫情全球大流行很可能改变经济全球化的既有格局，并将恶化中日韩外部贸易环境。应对经济全球化新变局，务实推进中日韩自贸进程，是东亚区域经济一体化进程的重大战略选择。

（1）三国加快在服务贸易及投资、知识产权、可持续发展等领域的谈判。同时，携手推进《区域全面经济伙伴关系协定》（RCEP）在2020年如期签署。以三边多边自由贸易协定为维护中日韩制造业供应链安全畅通提供制度性机制性保障。

（2）务实推进公共卫生、医疗、健康、养老、环保、科技研发等产业合作，大力发展中日韩数字贸易，加快落实“中日韩+X”早期收获项目清单，逐一把2019年年底第八次中日韩领导人会议发表的《中日韩合作未来十年展望》中的合作事项变为现实。

（3）在中日韩一揽子、高水平贸易投资协议达成之前，建议把中日韩医疗健康、文化娱乐、数字经济、金融保险等重点现代服务业领域的自由贸易政策列入海南自贸港的“早期收获”项目清单，率先在海南取得突破。

应对疫情全球大流行需要中日韩加强合作

贾庆国*

新冠疫情全球大流行，给人类社会带来严重甚至致命的威胁。一方面，它已经夺走了成千上万的生命，并且在未来可能还会夺走更多人的生命。另一方面，它给全球经济带来了严重的伤害，因为目前遏制疫情蔓延和挽救生命的唯一方法是社会隔离，但这会使大多数经济活动突然停止从而导致经济停摆。

短期内，新冠疫情大流行仍会继续，世界也因此会遭受更多的生命损失和面临更大的经济问题。这是一个基本判断。

面对这种情况，我们应该怎么办？从全球来看，应对疫情全球大流行，世界将面临领导缺失的问题。之所以是这样，一方面是因为美国自己深陷疫情蔓延的困境，而且至今也没有表现出领导的意愿；另一方面是因为中美两国前期不断积累的经贸摩擦以及疫情暴发后依旧冲突不断，从而无法开展有效合作。

在新冠疫情全球流行的严峻形势下，中国政府一直在表达合作的意愿并为此做出了巨大的努力，如积极帮助其他国家，与其他国家一起抗击新冠病毒。正如习近平主席在二十国集团领导人特别峰会上所说的，中国认为抗击疫情全球大流行最好的方法是国际合作。中国不

* 作者系北京大学国际关系学院原院长、教授。

仅在全球范围内努力推进与其他国家的合作，也希望在区域内努力推进国家间合作的进程。

在上述情况下，我认为，面对新冠疫情全球大流行的冲击，中国、日本和韩国可以并且必须更加紧密地合作，合力抗击疫情并拯救经济。

第一，中日韩在各自抗击病毒的工作中可以加强经验分享。比如，中国和韩国主管卫生的官员和相关专家可以分享他们在应对和管控疫情大暴发方面的经验。日本主管卫生的官员和相关专家可以分享他们在阻止外部输入病例方面的经验。

第二，随着疫情逐渐改善，三个国家应就如何恢复之前为了阻止病毒传播而停摆的经济交换意见。

第三，三个国家可以加强科研合作，以加快开发特效药和疫苗的研究。同时，它们也需要探讨在疫苗可供使用时分发原则和操作规则。

第四，三个国家应共同努力，加快中日韩自由贸易区的谈判进程。如果能够尽快达成协定，三个国家都将通过更自由的贸易安排使各自的企业从获得更多的市场准入中受益，从而促进经济尽早复苏。

第五，三个国家应共同努力，加快推进《区域全面经济伙伴关系协定》（RCEP）的谈判进程，确保 RCEP 协定能够按计划签署，以促进有关国家的贸易和投资自由化和便利化，为实现地区的持续发展和稳定繁荣提供有力支撑。

第六，三个国家应共同努力做出相应的制度安排，为三国间专家、技术人员和官员间的自由交流、信息分享和必要的旅行提供便利，促进各类对话和磋商。三国应允许和鼓励专家和官员进行这种对话和磋商甚至谈判，共同寻求应对危机以及处理三国面临的其他问题的规则、机制和方式。

对中日韩紧急联合行动议程的几点建议

安忠荣*

新冠病毒已导致许多国家的经济活动几乎完全中断，前所未有的全球公共卫生危机带来的后果甚至比 2008 年的金融危机还要严重。因此，中日韩必须共同努力消除所有相关障碍，从而避免供应链的崩溃。特别是中日韩需要尽快恢复区域内旅游业，尽快恢复跨境投资的信心。

联合国秘书长古特雷斯提到，这次新冠疫情大流行是自第二次世界大战以来人类面临的最大挑战。我担心，还有更严重的后果发生。

大约一个月前，中国和韩国确诊感染新冠病毒的病例数分列世界第一和第二。现在，中国成功地控制了国内疫情传播，但仍然面临输入性风险。在我看来，韩国确诊病例数曲线现已趋于平缓，尽管有输入性病例，但仍有希望保持在可控范围内。不过，日本新冠病毒感染人数的曲线现在似乎面临上升压力。我认为，目前最严重的问题是，我们不知道何时能完全控制住这种新型冠状病毒，何时能研发出有效疫苗。

韩国、中国、日本彼此相邻，三国一衣带水、紧密联系，因此也很容易相互传播病毒。所以，中日韩应该携手抗疫，挽救生命，然后通过合作阻止经济断崖式下跌，确保在疫情得到控制后能实现 V 形

---

* 作者系韩国中央大学国际关系研究生院特聘教授，本文由危文锋编译整理。

经济复苏。

中日韩三国在过去两个月中采取了不同的办法应对疫情全球大流行。我认为，中国采用了“封城式大规模测试 + 隔离”的办法，韩国采用了“门户开放式大规模测试 + 隔离”的办法，日本采取了“有选择性和针对性的测试 + 隔离”的办法。尽管三个国家采取不同的方法来抗击疫情，但中日韩共同的顺序是：首先，扑灭持续扩散的疫情野火；其次，恢复区域内旅行；最后，重振供应链，实现经济活动正常化。

回顾 2019 年年底在成都举行的第八次中日韩领导人会议上三国领导人达成的共识和会议发布的《中日韩合作未来十年展望》，三国领导人“承诺努力实现自由、公平、非歧视、透明、可预期和稳定的贸易投资环境”，现在我们所要做的就是通过合作协调逐一落实。为了抗击疫情，三国领导人必须坚定地履行在成都首脑会议上作出的誓言和承诺。

在此，我就中日韩紧急联合行动议程提出几点建议。

第一，中日韩需要在三边领导人会议框架下尽快举行三国卫生部长会议。并且越快召开越好，频率越高越好，以及时制定共同应对疫情的紧急行动议程。这样做，能够先控制住疫情，再着手解决经济问题。中日韩三国需要共享准确、透明的时间序列数据和有关冠状病毒传播的信息，以年龄、性别和区域为基础进行区分。这一点至关重要，以便我们可以互相学习并设计更有效的预防机制。

第二，中日韩需要彼此分享各自对潜在感染者进行隔离和测试的方式、速度以及治疗方法等信息。这将对制订控制病毒的有效方法非常有帮助。由于中日韩三国是较早经历新冠疫情的国家，中日韩拥有关于疫情的庞大数据，这些数据可用于诸多造福于人类的目标，包括制定集体预防措施和联合开发疫苗等。

第三，中日韩应根据共同需要合作生产抗疫的医疗用品和设备，特别是涉及抗疫产品的关键零部件不应受到出口管制。新冠疫情很可能在未来几个月内在三个国家中得到控制，因此中日韩三国应就何时取消旅行禁令尽快达成共识。取消旅行禁令应首先考虑企业界人士，只要他们持有各国政府卫生管理部门认证的健康卡就可以旅行，然后可逐步扩大到一般游客。即使是在《区域全面经济伙伴关系协定》（RCEP）2020 年签署之前或中日韩自由贸易协定达成之前，中日韩三国也需要尽可能地消除关税和非关税壁垒，以尽快恢复供应链的正常运作。

第四，中日韩应携手为应对金融领域包括流动性短缺在内的各种问题做好准备。因此，在这方面，我希望日本和韩国恢复三年前到期的货币互换协议，并建议扩大中日韩三国货币互换规模。作为应对正在逼近的经济萧条和大规模失业的对策，发达经济体和所有新兴经济体，现在都采取了高度扩张的财政政策和货币政策。中日韩三国需要建立系统性的宏观经济政策协调机制。我们需要加强彼此在扩张性财政和货币政策方面的协调，减少汇率波动，甚至应该提前考虑即将到来的通胀会给中日韩三国经济带来什么样的影响。

这场前所未有的公共卫生危机可能为中日韩深化互信创造一个新的机会。中日韩三国需要增进彼此间的信任、着眼长远，将所有遗留的历史问题都留在历史书中。

新冠疫情迟早会被控制住。但是，我们不能再冒第二波疫情的风险。为此，中日韩不仅应寻求集体预防措施以应对疫情大流行，还应通过紧密合作应对各种自然灾害，包括气候变化、粉尘和其他环境污染等共同挑战。在后新冠疫情时代，我们可能将面对一个不同的世界。如果到那个时候再来促进中日韩合作将面临更大的挑战。所以，现在就有必要提前对这些问题进行考虑。

全球性危机需要全球性解决方案

小原雅博*

新型冠状病毒的暴发是一场人类的共同悲剧，对数以万计的人造成影响，对全球经济的影响也越来越大。新型冠状病毒大流行既是一场健康危机，也是一场经济危机。中日韩都面临应对疫情和推进经济正常化的“两难”。如果将健康放在首位，则势必会带来更大的经济损失；但如果将恢复经济放在首位，则民众健康将处于危险之中。因此，各国在采取诸如隔离、旅行禁令等措施的同时，还应采取一系列措施来减轻经济损失。由于疫情随着时间在不断变化，在现实情况变化与应对措施之间存在一定的不同步现象，须加快调整速度以及保持政策的灵活性。对当前面临的经济困难问题，我们应做到以下几点。

第一，疫情全球大流行导致需求大量减少以及供应链断裂。大多数国家应对疫情的办法是采取切断社交的隔离措施，但这些特殊措施很难长期维持。即使中国现在正在努力回到恢复经济正常的轨道上，仍需要保持谨慎并采取有效措施以防止可能发生的第二波疫情。我们从 1918 年发生的大流感以及 2009 年发生的 H1N1 流感中得到的经验是，在疫苗问世前，都要防止疫情反复的风险。

第二，在这场危机中出现了两种经济震荡。一个是疫情对油价的冲击。沙特阿拉伯和俄罗斯之间关于石油减产的磋商破裂，导致油价

---

* 作者系日本东京大学教授，本文由钟尹曼编译整理。

暴跌。油价下跌给全球经济带来了进一步的压力，尤其是高收益公司债券市场面临冲击。另一个是疫情对股票市场的冲击，疫情全球大流行导致全球股票市场连续下跌，危害金融体系的安全。企业倒闭、失业、工薪阶层财富缩水等不断发生。为此，我们必须采取有力的金融调整措施。包括日本在内的许多国家，由于疫情造成的经济和金融损失随着时间的推移以几何指数的速度在急剧增长。我们并不知道这种破坏还会持续多久，在疫苗问世前疫情还将处于不稳定的状态。这些都给市场带来了许多的不确定性，影响企业的信心与预期。

第三，与使用封闭和“内向化”的政策手段相比，通过信息共享、知识交流和国际合作来克服民众的恐惧与克制“内向化”的政策倾向，可以更有效地遏制疫情。这场危机过后，我们的社会将会发生巨大的改变。未来的走向，取决于加强合作应对危机的意愿。传染病是一个全球性问题，就像气候变化问题一样，是跨越国界、种族和意识形态的。人类与传染病作斗争的历史悠久，病毒变异与医药发展之间的博弈也在不断进行。这是一场全球性危机，需要全球性的解决方案。中日韩需加强三边合作，充分利用以三国首脑会晤为核心的中日韩对话与合作框架来应对危机挑战。

历史上几乎所有的疫情大流行最终都被医学发展和国际合作所击败。日本、中国和韩国应分享知识，并联合其他国家的科学家加快疫苗的开发和诊疗方法的研究。未来研发得出的疫苗和诊疗方法，必须作为全球公共产品来公平分享。全球协同合作是应对疫情危机的关键，不论是政治家还是民众，都必须克服狭隘的民族主义，通过增进相互理解与合作来携手抗击人类共同的敌人。

加强合作是应对疫情的关键

濑口清之*

第一，为什么新冠疫情会日益严重？我认为，疫情是经济全球化的副作用。二三十年前，我们没有这么深度的全球化，没有这么密切的交往。随着一个国家到另一个国家的旅行越来越便利，流行病就变得更容易传播。这与过去有很大的不同。所以，全球化时代比以前更有可能发生这样的疫情全球大流行，未来疫情扩散的风险并不会消失，我们应该为未来可能的风险做好准备。

第二，必须加强国与国之间的合作。病毒很容易跨越国界，病毒的扩散也很难控制。疫情没有国界，抗疫不能受限于国界，我们期待各国达成合作。不同国家国情不同，应对疫情的方法也不同，但加强对话和经验交流是必要的。日本、中国、韩国应当加强合作。首先是加强政府之间的合作，这主要体现在宏观政策协调上。其次，科学家和研究人员的通力合作也非常重要，这应该集中在抗疫药品和治疗方法研发上。最后，还要注重文化在促进国际合作中的作用。在东北亚，我们很久以前就开始共享佛教、儒教、道教等东方文化。东方文化使人们比较容易接受与自己不同的想法和不同的思想，所以有不同思想的人们可以和谐相处。在应对新冠疫情大流行中，三个国家对彼此和其他国家的帮助行为所展现出来的宽容、慷慨以及对不同思想的

* 作者系日本佳能全球战略研究所研究主任，本文由鹏程编译整理。

包容，不仅促进了跨越国界的合作，也在国际社会中树立了典范。

第三，加强民间合作。我在访问美国时看到一份报告。报告的作者提到，在应对新冠病毒上，中国的民间和日本的民间进行了密切的合作，被称之为“口罩外交”。新冠病毒在中国暴发和流行的时候，很多日本人都把口罩送给了中国，特别是湖北尤其是武汉的朋友。不仅是口罩，日本很快通过诗词向中国传达了慰问的信息。日本民间的这种行为受到了中国人民的高度赞赏。到日本出现疫情蔓延时，许多中国人做出相同的事情，也给日本捐赠了许多口罩，投桃报李。中日民间在抗击疫情中表现出的这样富有同情心的合作，是令人赞叹的。美国专家也关注这个问题，认为这是一个新现象。相比于政府间合作，民间合作的能力和能量更大，更加体现在相互的理解和相互的支持上。

我认为，日本可以向中国和韩国学习很多东西。受这次疫情的影响，日本人开始广泛接受在线教育，更加关注在线个人健康咨询和远程医疗服务。中国和韩国是高度发达的信息技术国家，日本和中国、韩国可以在这些方面开展合作。如果我们日本向中国、韩国学习这些新技术，日本人民会更愿意在中日韩关系框架下与中国和韩国合作。我想这点非常重要。

二　中日韩携手应对疫情对经济全球化的冲击

张蕴岭：中日韩应建立未来导向的合作新议程

吴士存：全球化进程再受挫，东亚区域合作正当时

徐溱教：以更紧密的经贸合作应对新冠病毒的影响

深川由起子：尽快推动实现中日韩自贸区早期收获

金道熏：中日韩携手加强东亚产业生态体系建设

原岗直幸：数字技术是抵御病毒蔓延和维护经济发展的关键

中日韩应建立未来导向的合作新议程

张蕴岭[*]

我们正面临着严重的双重威胁，一个是新冠疫情全球大流行，另一个是新冠疫情带来的经济下降。每个遭遇疫情袭击的国家几乎都面临经济突然几乎停转的问题，随后导致地区和全球供应链中断。因此，我们需要同时解决两个问题，一是如何共同努力控制或医治病毒；二是尽快刺激经济，推动复苏增长。

疫情带来的双重威胁，使人们更意识到我们生活在一个共同的世界中。在疫情大流行的初期，还有人认为，这是别人的事，现在我们都意识到，这也是我的事，是我们的事，因此我们必须携手应对威胁。各国需要有力、有效的措施，也需要开展合作以协力应对双重威胁。

一　中日韩共同努力控制与消除病毒的威胁

中日韩是近邻，经济社会联系紧密，让有关病毒和医治的信息共享是最需要，也是最紧迫的。三国应尽快建立联合数据库，把新冠病毒（COVID－19）检测与病例临床信息汇集起来。专业信息的分享非常重要，三国可以以疾病预防控制中心（CDC）为基础，建立联

* 作者系中国社会科学院学部委员。

合信息中心，实现数据共享，并及时发布疫情信息，让三国人民及时分享疫情信息。

中日韩应开展抗击病毒的联合研究。我们不知道这种病毒还会怎样演化，今后还会出现什么，三国应建立联合研究中心，在信息分享、联合研发与生产上开展合作。

中日韩应在抗击疫情所需的产品和材料上开展合作，建立分工链条和生产基地，一则针对当前需要提高生产能力，二则构建面向未来的产业体系。在紧急情况下，三国可以迅速调动地区性生产能力，以确保抗疫所需物资的生产和供应。

中日韩应制定面向未来的合作议程。中日韩三国已经建立了广泛的合作网络和高层次的对话机制，包括领导人会议和部长级会议。当下，三国应召开卫生部长会议，就开展抗疫合作制定应急行动方案。

二　中日韩应共同应对疫情全球大流行对经济的威胁

疫情给经济造成了非常严重的威胁。疫情迟早会过去，但经济的影响可能会是更长期的。前不久，二十国集团（G20）领导人特别峰会讨论了宏观经济政策协调的问题。G20 领导人联合声明强调要加强宏观经济政策协调并采取一切可能的措施来刺激经济，向市场发出了有力的信号。中日韩经济相互依赖，为保经济，应在加强宏观经济协调、采取刺激经济等方面加强沟通与协调，在推动供应链恢复上采取共同的行动。

为了恢复供应链，要在保障和鼓励商务旅行方面加强合作，把保障商务人士的旅行放在优先位置。为了控制病毒的跨境传播，可以在检测上加强合作，三国应考虑设立中日韩健康旅行卡制度，实现持卡人在三国间旅行和进出境信息互通互认。中日韩健康旅行卡机制运转起来，也可以扩大互通互认合作的范围，让其他国家和地区加入。

三国需要在支持金融市场安全稳定上加强合作。当前，金融市场很不稳定，维护市场稳定至关重要，要防止出现大危机。中日韩三国还要协力推动东亚合作。中日韩三国都是“清迈倡议”成员，其货币互换机制尚未启动，应该推动这个机制运行，为市场提供资金保障和增加资金供给。

对三国而言确保供应链安全都是非常紧迫的。中日韩需要共同努力应对供应链中断的问题。供应链的中断开始是在中国方面，现在是在韩国方面和日本方面。疫情对供应链的冲击，有供给侧的，也有需求侧的，比如美国和欧盟的对非抗疫最终产品的需求下降对中日韩供应链产生反向冲击。中日韩应围绕保障供应链安全开展紧密合作，可以建立供应链安全绿色通道，让急需的最终产品和中间产品方便、快捷地通关和发送。一个方法是三国建立供应链需求产品清单，对清单上的产品采取快速便利的通关安排。

疫情催生新的科技，三国应在推进新技术产品贸易上开辟新的合作领域，比如，高科技的医疗健康、云服务、网络服务、线上教育、线上娱乐等，发展潜力巨大，要推动这些新领域的合作发展。疫情大流行期间，学校都关闭了，但推动了在线教学。现在，所有课程都在线讲授，会议也是通过网络视频召开，三国之间的大学等教育机构可以扩展在线课程的合作。

当然，疫情也会推动产业布局、供应链的调整。过去，供应链主要是基于降低成本的考虑，但疫情产生的供应链问题让企业重视供应链的安全，即在发生紧急情况的时候，如何确保关键产品的供应。不搞跨国供应链是行不通的，关键是如何构建合理的供应链体系，中日韩三国应在增强供应链安全合作方面加强合作。

在疫情全球大流行的背景下，我们不仅要考虑现在需要做什么，还需要考虑未来做什么。我们需要付出更多的努力，需要更多的合作。在这个特殊的时期，中日韩应做出榜样，提出着眼于现在和面向未来的合作议程，携手应对当前的威胁，创建新未来。

全球化进程再受挫，东亚区域合作正当时

吴士存*

近年来，美国发动“贸易战”以及英国“脱欧”等重大国际事件预示着孤立主义和保护主义回潮，长期被视为人类未来发展方向的全球化受挫。新冠疫情有可能给举步维艰的全球化进程以沉重一击，加速全球化的“逆向”发展趋势。在这一新形势下，中日韩应携手推进区域合作，构建东亚命运共同体，降低疫情的负面影响和“逆全球化”的冲击效应。

一　加快中日韩区域合作，构建东亚经济共同体

中日韩贸易投资联系紧密，经济相互依赖程度高。在过去的20年里，中日韩之间的贸易额从1300亿美元猛增至7200亿美元，成为彼此最重要的贸易伙伴。这得益于三国较为开放包容的贸易政策和互补性强的完备产业链及较短的供应链网络。新冠疫情暂时影响了中日韩之间的贸易。中国海关统计数据显示，2020年前2个月，中日双边贸易总额为2749.5亿美元，下降15.3%。随着疫情的持续以及需

* 作者系中国南海研究院院长。

求减少，中日韩之间的贸易恐怕还要继续下降。

自 2012 年 5 月中日韩签署三方投资协定之后，三国之间的相互投资额稳步增长。2018 年，三国相互投资额超过 110 亿美元。其中，中韩相互投资额从 2016 年的 60. 8 亿美元增至 2018 年的 84 亿美元，增幅为 38. 2%。疫情发生后，中日韩均采取了严格的出入境限制措施，企业的生产经营活动也被迫中断，三国相互投资受到影响。

尽管疫情给中日韩贸易投资带来负面影响，但也要看到疫情推动中日韩加快区域合作步伐。第一，疫情冲击了三国之间的经贸合作以及国内经济发展。为减轻乃至消除疫情的负面影响，三国将更有必要消除贸易壁垒、降低市场准入门槛、压缩企业经营成本、扩大贸易投资，维持经济增长和国内稳定。第二，疫情重创了中日韩与欧美国家之间的经济合作，三国可能将不得不改变倚重美欧市场的传统路径，转而致力于推动东亚区域合作，从而加快中日韩自贸区和中韩自贸协定第二阶段谈判进程，促使《区域全面经济伙伴关系协定》（RCEP）如期生效。第三，在全球产业链需求端和供应端被削弱的新形势下，中日韩之间紧密的产业链和供应链优势愈发凸显。随着三国疫情防控取得重要进展，经贸合作也将逐步恢复。在此背景下，三国可继续用好中日韩领导人会议、三国经贸部长会议和经济高官会等机制，加大政策协调和规划力度，重点在家居用品、高科技零部件、纺织和机电产品等领域巩固原有产业链和供应链优势，同时根据疫后重建所创造的新需求，尤其是公共卫生防疫和智能医疗设备，探索建立新的产业链和供应链，重构全球产业链体系。

二 建立区域性公共卫生合作机制，充实东亚命运共同体内涵

作为此次疫情的“重灾区”，中日韩三国的公共卫生体系经受了

严峻考验。基于不同的国情和疫情发展形势，三国采取了不同的防控措施，有效地遏制了疫情快速蔓延趋势，防控成效值得肯定。在疫情全球大流行的新形势下，中日韩有必要举办不同级别和层次的公共卫生官员、专家、学者视频会议，分享各自的抗疫经验教训，互学互鉴、取长补短，不断改善各自的公共卫生系统。同时，三国也可借此探索在不同政治体制、经济发展水平和文化传统下的有效抗疫模式，形成可供其他国家参考的防疫方案，为全球疫情防控做出应有贡献。三国也可在疫情信息共享、打击疫情假信息、防疫物资援助、医疗技术交流、疫苗联合研发、卫生危机管控以及医疗体系建设等领域开展合作，及时构建常态化的区域性公共卫生交流和合作机制，以公共卫生合作为“突破口”，推动旅游、教育等民生领域的务实合作，充实东亚命运共同体的内涵。

三　深挖抗疫文化内涵，奠定东亚命运共同体基石

文化是构建人类命运共同体的重要基石。中日韩同属儒家文化圈，拥有相似的文化传统。特别是在此次抗疫行动中，日本援华物资的“诗歌标语”——“山川异域，日月同天”“青山一道同云雨，明月何曾是两乡”引发中日两国民众的强烈共鸣，唤醒了两国民众命运相连的潜在意识，掀起了一股互帮互助、合作抗疫的浪潮，这种危难面前手足情深的精神难能可贵。在中国疫情暴发后，韩国驻中国大使馆外墙上张贴的标语——“中国的困难就是我们的困难”也赢得中国民众的赞誉。而在日韩疫情严重之时，中国也及时伸出援手，并以“千里同好，坚于金石”等中国古语和“道不远人，人无异国”等韩国诗句作为援助物资祝福语，以寄托中国人民的美好祝愿。由此可见，在疫情肆虐的危急时刻，共同的文化背景放射出了人性的光

芒，成为联系和巩固国家及人民友谊的特殊纽带。

四 推动中日韩海洋治理合作，构建东亚海洋命运共同体

中日韩隔海相望，海洋承载着三国人民世代交往的历史。新冠疫情不仅为中日韩公共卫生合作注入新动力，也为三国推进海洋领域的合作和加强海洋治理提供了机会。此次疫情传播范围广、传播速度快，防控难度大，是对各国社会治理水平的重大考验。在这场大考中，中日韩三国的表现可圈可点，凸显三国在社会治理领域的相对优势。因此，三国可借助抗疫过程中所形成的合作意愿，发挥各自在治理领域的优势，以更加积极的姿态延伸到全球海洋治理中，重点在海洋科技联合研发、海洋资源合理利用、海洋环境保护、海上危机管控等领域加强合作，通过搭建海洋合作交流平台，制定支持政策等方式深化海洋治理合作，构建东亚海洋命运共同体。

以更紧密的经贸合作应对新冠病毒的影响

徐溱教*

许多专家学者以及世界银行和国际货币基金组织（IMF）等著名的国际机构都已经指出新冠病毒对全球经济以及中日韩经济的负面影响。我想，接下来我们思考如何应对新冠病毒的负面影响尤为重要。

尽管二十国集团（G20）领导人特别峰会提到，全球经济体在这一紧要关头应相互密切合作，但仍然没有看到如何应对这种紧急情况的具体行动。现在是时候考虑具体的行动计划了。什么样的政策可以有效减少新冠病毒大流行的负面影响，并有助于促进全球经济的恢复甚至持续增长？我想就此提出几点看法。

第一，当前新冠病毒传播的重灾区在北美和欧洲，美国已成为新的疫情“震中”，尤其是纽约市。许多专家认为美国疫情暴发处于完全失控的状态。中国和韩国已经有效地控制了新冠病毒的传播。因此，中日韩需要积极与世界其他地区，尤其是美国和欧洲国家分享抗疫的宝贵经验。中日韩应与世界其他地区尤其是北美和欧洲加强新冠肺炎临床数据以及隔离和诊疗经验的分享，这是当前最需要也是最紧迫的。

第二，中日韩应推进货物和服务贸易自由化、便利化，共同维护

---

* 作者系韩国对外经济政策研究院资深研究员，本文由危文锋编译整理。

全球供应链安全。建议中日韩暂时取消中间产品贸易关税，因为中间产品是组装最终产品的关键部分。韩国中间产品的进口依赖中国和日本。最近，由于无法从日本和中国进口重要的零部件，韩国的汽车大幅减产。因此，中日韩要携手促进贸易投资便利化，由此保障供应链的稳定和安全。建议在一定时期内在三国边境设立适用于特殊中间产品的特殊通关通道，采取便利化通关的流程。

当下北美地区和欧洲的新增感染病例还在快速增长，而中日韩相关数据曲线趋于平缓。中日韩需要对全球经济展现其影响，需要对某些特定商品采取特殊自由通关安排来对冲当前全球贸易收缩。特别是保障应对新冠病毒迅速传播所需的医疗产品和设备的自由通关非常重要。当前，中日韩必须要保持必要经济产品和服务的贸易流量，而不是以边境限制措施切断其流动。

第三，扩大三国间的货币互换规模，加强金融部门合作，维持金融市场安全，共同应对疫情带来的金融冲击。

第四，新冠疫情恶化凸显跨境供应链的脆弱性，也凸显建立新供应链的必要性。大多数全球性企业将在建立新的供应链时考虑并重新评估国家风险，而国家风险将在很大程度上取决于一国法规体系的透明度。总体而言，供应链的稳定性往往与国家法规体系的透明度成正比。劳动力成本已不再是影响企业国际投资决策的关键因素。拥有高科技和较低的国家风险对于建立新的供应链来说越来越重要。在这样的趋势下，中日韩政府应改革完善其国内法规，向更加透明和市场导向的方向推动监管制度改革。

尽快推动实现中日韩自贸区早期收获

深川由起子*

新冠疫情的暴发是一场前所未有的危机。当前，疫情仍在发展中，尤其是日本和韩国仍处于危机时期。但从另一个意义上讲，这也是我们思考及预测大国经济前景的重要机会。当前疫情在欧美大流行，导致许多经济贸易活动中断，但是中日韩之间的贸易活动有望逐步恢复正常。二十年前我们就希望能实现中日韩经济一体化，但至今收效甚微。如果我们着实希望推动经济一体化，中日韩当前应着力推动实现中日韩自贸区早期收获。

第一，抗疫期间中日韩在农业、制药业等行业合作需求巨大，这些列为中日韩自贸区早期收获项目应较容易实现。中日韩的自由贸易应从农业领域做起，降低或免除关税，并最大限度地消除非贸易壁垒。在抗击新冠疫情期间，抗疫相关的化学品和药品贸易也非常重要。我们收集到的信息表明，日本公司已经将部分相关技术出售给中国公司。日本和中国、韩国应共享使用这些技术获得的数据并利用其开展联合科学研究，促进化学药品的研发。

第二，三国在文化、娱乐领域的合作需求很大。保持社交距离政策与隔离措施阻断了人与人之间的交往。但人们对娱乐文化产品和服务有需求，需要有美好的事物，而这些可以通过互联网实现，且无需

---

* 作者系日本早稻田大学政治科学与经济学院副院长，本文由钟尹曼编译整理。

人与人之间的直接接触。为此，可以把线上娱乐文化产品等列入中日韩自贸区早期收获项目清单。

第三，三国在耐用消费品生产制造领域应加强合作。汽车供应链合作以及生产资料、机器人、其他装备制造的合作等也可列为中日韩自贸区的早期收获项目。

第四，三国在数字经济领域合作需求很大。日本、中国、韩国以不同的方式推进了产业数字化。韩国在通信技术方面非常成功，为市民提供了非常高效的行政服务；日本更多地在硬件方面，例如机器人等拥有技术优势。因此，日本、中国与韩国应该分享部分技术和知识，以促进中日韩数字经济合作。中日韩三国应该携手制定数据跨境流动和服务规则，积极务实地促进基于数据的现代服务业跨境合作，促进数据流动与数据交流共享。中国和韩国公司购买使用日本制造的机器人，应分享使用这些机器人的数据，这样才能促进共同发展。

中国应继续加大对外开放，为经济全球化做出更大贡献。中国应当更加积极地参与和履行在 WTO 法律框架下的《政府采购协定》（GPA）、《信息技术协议》（ITA）和《服务贸易总协定》（TISA）中的约定和承诺。各方支持中国通过开放来为全球经济做出贡献。这不仅对中国有利，日本和韩国也可以从中受益。

中日韩携手加强东亚产业生态体系建设

金道熏*

一直以来，东亚产业生态体系运行良好。对于东亚产业生态体系中的某些制造业领域，例如汽车、电子设备、电信设备、数据处理机器以及造船、钢铁和石化产品，我们通常看到的表面景象是中日韩之间的竞争十分激烈。中日韩制造业之间只有激烈的竞争而没有合作吗？如果我们仔细地研究贸易数据，就会发现，东亚制造业的竞争力源于该区域非常发达的产业生态系统。我们可以发现，例如，在乘用车和智能手机产业，从表层看中日韩三方在最终产品上的竞争明显，但三方在中间产品上的相互合作关系十分紧密。

然而，许多政治家和媒体都只关注表面现象，而忽略了中日韩之间潜在的合作因素。

当我们研究汽车行业的三边贸易数据时，可以发现日本在三边的汽车最终产品贸易中居于主导地位。但是，当我们看三国间汽车零部件贸易的数据时，很容易发现三国间高度密集的贸易。这意味着中日韩汽车制造业在汽车零部件领域有着非常紧密和深入的合作。

以电信设备中的智能手机为例。我们看到中国的角色是生产并向

* 作者系韩国产业经济与贸易研究院原院长，本文由危文锋编译整理。

日本和韩国出口智能手机。而当我们看智能手机零部件的中日韩贸易数据时，我们会发现中日、中韩之间的贸易关系十分密切。

上述情况意味着，尽管中日韩在汽车和智能手机产业中都存在竞争的明显特征，但产业生态体系在该地区运作良好。如果在这次新冠疫情结束后中日韩能共同努力维护和加强这一产业生态系统，预计密集的零部件贸易仍将在未来继续下去。

和日本福岛地震给供应链带来的影响一样，新冠疫情给中日韩产业生态体系带来了严重的冲击，引发供应链断裂危机。因此，我们要思考两个问题，一是产业供应链过度集中存在的风险；二是中日韩如何就产业供应链合作做出制度性安排。

针对东亚供应链如何应对新冠疫情的冲击，笔者提出四点建议。

第一，为了减少产业生态系统受到严重冲击，中日韩可能需要避免“把鸡蛋全放在一个篮子里”。中日韩也许需要考虑在本国建立备用供应链，作为跨境供应链的补充，以备不时之需，但应以不损害东亚区域目前运行良好的供应链架构为前提。

第二，在欧美需求萎缩的情况下，中日韩产业合作不应只限于中间产品环节，需要延伸到产业终端产品合作。欧美国家是中日韩许多产业的主要出口市场，目前欧美受疫情冲击似乎正逐渐达到顶峰，但没人能预计何时疫情的影响能结束。尽管在最终产品环节，中日韩企业通常首先想到的是竞争而不是合作，但在外部需求萎缩的背景下，中日韩在企业之间、政府与社会资本之间都需要开展合作和对话。

第三，中日韩应通过加强三方产业合作减少相互间的贸易壁垒。虽然东亚拥有组织完善的产业生态系统，但东亚产业供应链上的中间产品贸易仍然面临贸易壁垒问题，削弱了产业生态系统的功能。因此，中日韩应该努力加快达成中日韩自由贸易协定。

第四，尽管中日韩都应该尽一切努力通过限制人员的国际流动来遏制新冠病毒的传播，但可以考虑在条件具备时将“企业界人员流动”排除在旅行限制规定之外，特别是要允许和保障那些对维护产业生态体系特别重要的商务出行。

数字技术是抵御病毒蔓延和维护经济发展的关键

原岗直幸*

新冠疫情带来的灾难及其破坏性非常接近第二次世界大战。为了应对新冠病毒继续蔓延对经济的冲击，日本、中国和韩国都需要采取果断的、大规模的财政和货币刺激政策来提高总需求。这可能是保护供应链安全的最好方法，因为为了防止疫情扩散所采取的保持社交距离政策正在导致需求急剧下降。需求的急剧下降，给供应链安全稳定带来负面的影响。为此，中国、日本、韩国应带头尽可能地采取措施刺激需求、促进宏观经济景气。日本政府将公布一揽子的宏观刺激政策。预计随着需求下降，刺激政策的规模可能会大到足以减轻这种负面影响。

在疫情大流行期间，预期十分重要，我们需要对经济前景保持乐观和积极的看法。这次疫情使数字经济的发展显得更为重要。我们正处于第四次产业革命的中期，我们正在享用第四次产业革命的成果，正如这次会议就是这一产业革命成果的应用。数字技术将是克服这场危机的关键。中日韩应该利用5G技术来创造“超级智能社会”。“超级智能社会”可以让人们分享大数据的好处，并利用数字技术创造更多的新服务。我们可以基于数字技术重建更加稳定安全的供应链。

---

* 作者系日本国际经济交流财团专务理事，本文由鹏程编译整理。

但是，我们必须解决数字鸿沟问题这一副产品。人们可以利用远程数字技术在大城市获得就业和收入，同时在边远的度假胜地享受生活。为了减少数字鸿沟，需要普及数字技术教育，使每个人都有能力使用数字技术。当数字鸿沟趋于缩小时，收入差距也将逐渐缩小。可见，数字技术对经济社会发展的积极影响是巨大的。当前，中日韩三国为了抗疫所采取的保持社交距离政策将促进和鼓励数字技术的发展。

数字技术不仅促进实现“超级智能社会”，还可能会创造全新的供应链。要实现这些目标，最重要的是要通过国际合作推动数字经济的规则制定。

二十国集团（G20）大阪峰会提出“基于信任的数据自由流动”。日本、中国、韩国需要共同推进客观和中立的规则制定来实现这一目标。当前，民族主义、民粹主义思潮仍在蔓延，甚至在新冠疫情全球大流行的背景下有所增强。中日韩必须坚决反对民粹主义、民族主义，在 WTO 停摆的情况下，充分利用《区域全面经济伙伴关系协定》（RCEP）等区域安排来促进数字经济的国际合作。

叁

疫情冲击下，产业发展如何应对挑战？

中国疫情防控已取得积极成效，全球疫情仍在扩散蔓延。在疫情对中国乃至全球经济社会发展带来多方面挑战和冲击的背景下，如何客观判断和把握中国经济基本面？如何看待疫情冲击下的产业发展和产业结构调整？

一　疫情冲击下的中国制造业发展

王一鸣：有效应对疫情对中国制造业的冲击

范恒山：统筹抗疫与发展应高度重视两个方面

赵昌文：要全面辩证看待疫情对产业发展的影响

新　望：疫情冲击下的中国制造及未来发展趋势

有效应对疫情对中国制造业的冲击

王一鸣*

新冠肺炎疫情暴发以来，疫情对线下服务业特别是餐饮、旅游、住宿、交通、娱乐等行业的冲击受到广泛关注。但事实上，制造业所受的冲击并不亚于服务业。2019 年以来，受中美经贸摩擦影响，制造业已面临较大下行压力，盈利水平大幅下降，这次疫情冲击带来的叠加影响，对制造业来说无疑是雪上加霜。从国家统计局公布的前 2 个月统计数据看，制造业增加值同比下降 15.7%，比服务业生产指数降幅高 2.7 个百分点。相比服务业，制造业产业链更长，后续对产业链、供应链的影响会进一步显现。

一　如何判断疫情对制造业的冲击

总体上看，服务业遭受的主要是需求冲击，短期影响较大，但一些暂时被抑制或冷却的服务需求，在疫情结束后可以很快恢复并转暖，有些行业如旅游休闲、文化娱乐等还会有补偿性反弹。与服务业主要受到需求冲击不同，制造业同时受到了供给、需求两方面的冲击，中期面临的挑战更大。

从供给端看，企业复工复产不同步，上下游企业复工参差不齐，

* 作者系第十三届全国政协经济委员会委员、国务院发展研究中心原副主任。

货物运输受阻，供应链和产业链运转不畅，复工不达产的现象较为普遍，要完全恢复常态需要较长时间。与此同时，作为全球最重要的中间品出口国，全球有近200个经济体从中国进口的中间品占全部进口平均超过1/5，疫情打乱了企业正常生产经营活动，出口订单不能及时交付，影响中国产业的国际供应链稳定，增大了订单转移和供应链外移风险。

从需求端看，消费品和投资品需求的萎缩将逐步向制造业传导，部分行业如汽车、家用电器等复工复产后库存积压问题已经显现，下游订单减少还会向上游传导，如果不能有效扩大需求，库存的资金占用成本提高，加上工资、租金、利息等刚性支出，部分企业资金链将承受更大压力。

疫情对制造业的第一波冲击主要来自国内，随着复工复产进度加快，第一波冲击的影响正在缓解，第二波冲击来自于国外，且影响已经显现，而且对中国制造业影响的广度和深度可能要大于第一波冲击。

当前，疫情在全球正处于加速扩散阶段，如果疫情不能尽快出现拐点，市场预期继续恶化，系统性风险进一步加剧，全球经济将大概率陷入衰退，中国制造业出口将全面受阻，并将关联影响到国内投资、消费、就业等领域，经济增长的不确定性也将明显增大。

从发展态势看，现在正处在从第一波冲击向第二波冲击转换过程中，从内部冲击为主转向外部冲击为主，从供给端冲击为主转向供给端和需求端共同受到冲击。

第一波冲击的尾部效应尚未完全消除。随着绿色通行码一码通认，复工人员到岗率稳步提高，劳务链矛盾正在缓解，但物流链尚未完全畅通，重点城市之间的物流还没有完全恢复正常，特别是受疫情冲击，国际航空客运萎缩，客机腹舱货运大幅下降，国际物流受阻特别是航空运力需求难以得到满足，已经影响到中国产品出口和国际供应链的正常运转。

第二波冲击正在逐步显现。疫情在全球大流行导致全球生产体系、产业链出现紊乱，全球供应链断裂通过进口渠道反射影响到中国。国际上疫情最严重的主要是欧美发达国家，这些国家是中国中间品和资本品进口的主要来源国，其中相当部分短期内难以被替代，比如存储器、通信设备零部件、机动车变速箱等中间品，以及半导体制造机械、光学仪器和金属加工中心等资本品。如果这些产品的生产过程中断，产业链断裂，中国的中间品、资本品进口也将面临供应中断风险，对中国制造业将会造成更大冲击。

与此同时，全球经济如果出现衰退，外部需求将大幅萎缩，中国对外出口将受到全面冲击，企业遭遇大面积退单、毁单，并反馈影响到中国制造业生产大面积收缩，中小企业有可能大量倒闭，进而影响到就业、消费、投资，形成对经济的逆向循环冲击。

二 应对疫情对中国制造业的冲击政策选择

制造业是中国国民经济的主体，制造业增加值占国内生产总值接近30%。有效应对疫情对制造业的冲击，关系到国民经济安全和中国经济发展全局。

第一，要加快推动复工复产，促进复工不达产的企业逐步达产，加快解决物流链的堵点和供应链的断点，保障产业链、供应链畅通，实现上下游企业整体复产和制造业全产业链复产。继续减免制造业税费和社保缴费，合理分担企业疫情期间的房租、利息等成本支出，促进企业逐步恢复正常生产运营。

第二，采取措施保障出口企业的海外订单交付能力，特别是要保障在全球产业链中有重要影响的龙头企业和关键产品生产出口，有效降低供应链被替代的风险。加大出口信用保险和贸易融资支持力度，采取有效措施提高中国国际航空货运能力，畅通国际物流通道，保障出口订单正常交货。对抗风险能力较弱的企业特别是吸纳就业量较大的出口制造企业提供定向扶持，帮助企业渡过难关。

第三，制定应对国际供应链中断的预案。对国内短期难以替代的进口中间品，加大国内储备力度，以增加库存应对突发的外部供应中断；对国外可替代的中间品，要开拓海外多元化供应渠道；对国内可替代产品，加快制定并适时启动国内替代方案。

第四，充分发挥中国超大规模市场优势，积极扩大国内需求。营造更加便利的消费环境，推动线上线下消费融合发展，鼓励汽车和大宗耐用消费品消费，引导居民逐步恢复正常消费活动。鼓励制造企业从单纯的制造商向综合生产服务商转变，深耕国内市场，稳定市场份额。

第五，促进制造业数字化智能化升级。加快建设工业互联网，运用人工智能、大数据、云计算、物联网等技术改造传统生产工艺，提高企业生产与管理效率，提升制造业创新力和国际竞争力。

第六，优化营商环境，提升产业链根植性。放宽外资准入限制，扩大金融、电信和医疗等服务业对外开放。实施好外商投资法及配套法规，更好保护外资合法权益，继续压减外商投资负面清单，营造一流营商环境，增大对外商投资的吸引力。

总之，疫情给中国制造业带来巨大冲击，但也孕育着新的机遇。2003 年“非典”疫情后，中国制造业竞争力和占全球份额大幅提升。这次疫情冲击，同样倒逼中国制造业加快转型升级，提升创新力，进而在全球产业链分工中占有更加重要的地位。

统筹抗疫与发展应高度重视两个方面

范恒山*

我重点谈一个话题，就是统筹抗疫与发展应高度重视两个方面：一是推动经济恢复与发展要新老基建并重齐抓；二是要把扶助中小微企业发展放到突出重要的位置。

一　新老基建要并重齐抓

在当前疫情严重冲击经济的形势下，一个重要举措是“新基建”“老基建”要并重齐抓，一体推动经济恢复与发展。

2018 年中央经济工作会议首次提出了“新基建”这个概念，明确了 7 个方面的重点领域，把它们加以细分，实际上内容非常广泛，可谓包罗万象。前不久召开的中央政治局常委会和国务院常务会议都强调要大力发展“新基建”，以应对抗疫对经济的冲击，社会上对此讨论也比较热烈，但意见观点并不完全一致。有的人认为“新基建”十分重要，应该把它作为疫情形势下推动经济发展的支撑和龙头。但我认为，对此应统筹考虑，基于国家战略高度和促进疫后经济加快发展的要求，有四点认识。

第一，“老基建”仍有很大潜力，可以作为推动经济恢复发展的

* 作者系国家发展和改革委员会原副秘书长。

重要支撑。就区域协调发展和提升发展水平而言，无论是我们所说的“铁公机”也好，还是交通、水利、能源、管道、物流、信息也罢，这些“老基建”都是有发展余地的。事实上，其中的信息基础设施已经直接涉及“新基建”的问题。从“铁公机”角度讲，中国的高铁发展很快，高速公路也不错，但是高等级公路、乡村公路就差了很多。相对于美国、欧洲一些国家来说，飞机场的建设也是有较大差距。从区域来看，“老基建”在城市间发展很不平衡，在农村更是短板。农田水利基础设施建设、老旧水库修复等都有很大的缺口。把“老基建”这块短板补齐，带来的经济发展能量也是数以万亿计的。所以我们在强调“新基建”的同时，也要看到“老基建”的潜能和功力。

第二，“老基建”同样需要高科技做支撑，在一定程度上，也是“新基建”。从发展的角度看，很难把新老基建截然分开。“新基建”一个重要特点是基础设施和高新技术的结合，而当前形势下的“老基建”并不是停留在传统的水平上，它也是与日益发展的科学技术紧密结合的。所以，对于正在和即将推进的“老基建”来说，网络化、数字化、智能化必然会充分体现在其中。所以，从某种意义上说，它们是传统基础设施和现代基础设施的一种融合。而某些“新基建”其实就是发展中的“老基建”的一个技术支撑，脱离了“老基建”这个载体，有些“新基建”很难建功立业。

第三，新老基建要并重共抓，这在疫情冲击经济的环境下尤其重要。我们必须高度重视“新基建”的发展，因为它的发展不仅关系到国民经济的发展，还涉及抢占世界科技发展的制高点，后者又直接关系到国家在国际关系、国际治理体系等方面的地位和作用。在“新基建”方面，能够加大投入的应加大投入，能走多快就应当走多快；与此同时，也要加快推进以现代科技为基础或支撑的“老基建”建设，在这方面，需要建多少就应努力建多少。新老基建要统筹安排、一体推进，一个都不能忽视。

第四，“新基建”应该坚持市场和政府相结合，两个轮子一起推动。有观点强调“新基建”不要走“老基建”的老路，应该依靠市场机制，这种观点从宏观上理论上说没有大问题。但在实际操作中恐怕完全靠市场还不行，政府的优势也要发挥出来，要坚持双轮驱动，市场能够起决定性作用的地方，当然就应该充分依靠市场，但“新基建”的建设也面临着市场机制捉襟见肘的问题。比如，市场具有很强的选择性，而“新基建”中一部分投资巨大，效益回报周期比较长的项目，就很难被及时提到市场机制运作层面。而等待犹豫则会在激烈的国际竞争面前造成战机贻误，在这方面很大程度上就需要发挥政府的作用。与此同时，市场整合资源集中攻坚的能力也相对薄弱，而一般的企业很少具备像华为公司那样的长远意识和战略眼光，因为要做到那样是需要条件和底气的，而这种条件和底气不仅仅包括勇气和胆量，也包括雄厚的资金、物资基础。在这个方面，政府也具有特殊的优势。因此，“新基建”的建设也要注重政府和市场结合，让两个轮子一起驱动。

二 要把扶助中小微企业发展放到突出重要位置

最近，党中央国务院召开的一系列部署统筹推进疫情防控和经济社会发展的会议，都强调支持中小微企业发展的问题。我认为，应对疫情的冲击，应当把扶助中小微企业发展放到突出重要位置。在疫情环境下，由于自身条件的限制，中小微企业受到的伤害是最为直接和明显的。但同时中小微企业又十分重要，中小微企业不仅数量众多，而且所涉及的经济活动最为广泛，与市场的联系最为紧密，拥有的社会基础最为扎实。因此，中小微企业生产经营活动恢复正常、走上持续发展之路，就能直观地体现国家经济恢复的显示度和经济发展的活跃度。也就是说，什么时候中小微企业呈现出生龙活虎的状态，中国经济也就在什么时候走上了正常的运行轨道。如果关门闭店的还很多，就很难说我国经济在疫后实现了恢复发展。从发展经济的角度说，中小微企业很重要；从安置就业的角度说，中小微企业就更重要。中小微企业加起来是一个天文数字，涉及到几亿人的就业，马虎不得。我们要认识到，无论多么大的灾害，只要就业稳住了，基本的经济与社会秩序就有了保障，社会就能保持安定。平时就应该重视中小微企业的发展，在疫情环境下对它们就更应该高看一眼、厚爱三分，把扶持中小微企业的发展放到突出重要的位置。

扶助中小微企业发展，要树立两点认识：一是不仅政府和相关机构要发挥作用，大企业包括国有大企业、民营大企业也要发挥作用；二是不仅要就事论事、解燃眉之急，也要结合疫情防控，顺水推舟、举一反三解决一些事关长远发展的问题，借助这个机会把相关基础打好。具体应该加强五个方面的扶助。

第一，努力减免负担。包括减税降费、减免房租、停息贴息免息等。对中小微企业来说，房租、水电、工资、管护成本都是刚性的，疫情期间应酌情减免。比如办公场所的租金，如果国有大企业是出租户，减免起来就方便一些。如果是民营企业，怎么个减法，就需要政府协调推动。

第二，提供资金支持。流动资金对恢复生产是不可缺少的，少则几十万、多则上百万就能够让中小微企业渡过难关，一定数量的资金支持等于是给它们救命钱。资金支持的方式可以多种多样的，包括发特种债券、增加无息或低息信贷、建立专项扶助基金、实行税收返还和一定比例的社保费用退补等。

第三，开展特殊帮助。比如实行定向采购、像农村扶贫一样对中小微企业实行以工代赈或者对企业运营给予直接的业务指导等。

第四，促进环境优化。在当前形势下，要特别注意帮助中小微企业疏导供需链条、提供人才招聘培训服务、协调劳企关系和企企关系。几个月开不了工，不免会涉及债务链条、契约履行等问题，在这种特殊环境下如何解决，政府部门及相关机构应视具体情况做必要的协调工作。

第五，强化公共服务。应借助这个特殊时刻推动建立适合中小微企业的卫生服务与防疫体系，完善在线服务网络，打造工业互联网平台等。中小微企业有不少是从事制造业的，对它们来说，建立从事公共服务的工业互联网平台很重要，政府部门应协调有关方面加快建设进程。

要全面辩证看待疫情对产业发展的影响

赵昌文*

一　看待疫情对产业发展的影响要分轻重缓急

这次疫情对经济的影响是全方位的。但是，实际上也还是有轻重缓急的。从直接影响来看，影响最大的是旅游、餐饮、住宿等服务业部门，这是我们很容易观察到的。相对而言，对制造业的影响似乎没有那么直接，但其实不然。如果说疫情从初始阶段至今对服务业的影响一直在持续的话，那么，最近一个时期对制造业的影响也是非常巨大的。我的一位同事最近使用国家电网 2020 年 1—2 月实际用电量的数据做了一个大体上的测算，过去的这两个月，整个制造业部门用电量下降是非常显著的，平均为 14% 左右。其中，31 个制造业部门，有 1/3 用电量下降超过了 20%，有 1/3 是在 15%—20%，还有 1/3 是在 10%—15%。用电量指标是反映制造业部门运行情况一个非常直接的指标。所以，如果看这个数据，就可知制造业实际产出的下降也是显著的。当然，正如我们前面所提到服务业部门，比如餐馆关门了、没有人看电影的情况都是大家能看到的，但制造业部门我们不一

* 作者系国务院发展研究中心产业发展部部长。

定能够观察到，产出却也是实实在在地下降。

由于用电量和经济产出之间是有关联性的，如果我们用这种关联性进行估算，就可以计算出整个第一季度经济的总产出（不是增加值）也有显著下降。其中，有部分属于中间产品，还有部分属于最终消费，最终消费中又包括了居民消费、投资、出口和政府投资。中间产品总产出的下降及最终消费中相当部分的减少都是对制造业部门有直接影响。

那么，这个影响的机制是什么？实际上，是供给侧和需求侧共同收缩的影响，主要有四种机制。

从需求侧来讲是好理解的，因为对服务业的需求下降了，对制造业产品特别是作为最终消费的产品，需求自然而然减少了，这是最直接的机制。还有一个需求侧的机制是，由于制造业下游需求的下降，或者是订单的减少，传导到对上中游所带来的需求下降。这是需求侧的两种机制。

供给侧也有两种机制，第一种是因为原材料或者是零部件供应不足，包括人员供应不足、物流受阻，造成整个生产能力上不去。第二种机制是不同地区、不同行业复工复产的进度不一样所带来的供应链的错位，也会导致整个生产面临瓶颈约束。

这四种机制差不多是我们已经观察到的疫情对制造业影响的主要机制。目前，复工复产的过程还在进行之中，这种错位在一段时间内是很难完全快速消除的，需要一个过程。它会受制于前面所说的要素供给。比如人，因为人和产业的布局并不是完全匹配的，大量的制造业分布在珠三角、长三角等东部沿海地区，而劳动力则来自全国特别是中西部地区。这种布局上的错位，背后的原因非常复杂，也不能说它多么不合理，但它又是现实，带来的结果就是复工复产难度增加，复工率比较高，但达产率上不去。我们看到人口输出地的复工复产情况好一些，就是这个原因。当然，最近全国的情况已经好很多了。

从产业布局的角度来说，多年来中国制造业的地区分布基本上都是小而全的结构，除了珠三角好一些，形成了相对成规模的一些产业集群。大多数的中间产品和零部件的生产供应，都很难说是基于比较优势和专业化分工。我们看到的所谓的产业集群是在基层行政力量作用下形成的较低水平的产业集群。这次疫情中，不少企业需要跨越不同的行政区域甚至非常远的地理距离寻找零部件，自然会影响到整个复工复产的过程。这是对制造业影响比较大的方面。所以，下一步最主要要解决的问题是如何加快复工复产。

需要指出的是，应对疫情促进生产恢复一定要有轻重缓急。复工复产过程中，政府既要积极帮助企业，也不能大包大揽，要尊重市场规律。如果说有优先排序的话，重要产业链、重要企业的复工复产要放在更加重要的位置，因为这些企业的复工复产直接涉及更多的企业，特别是重要产业领域的出口型大企业。如果说这些企业的复工复产不能快速推进的话，那么，出口的订单很可能被替代，全球供应链的问题是一个很现实的问题。

这些年，我们的制造业已经有很大的压力了。金融危机以后，全球发达国家进行再工业化，包括美国的减税、中美经贸摩擦、发展中国家快速的工业化，都给我们的制造业带来了很大的冲击，疫情无疑又添了很大压力。所以，国家的关注可能更多的是放在重要产业链的头部企业和出口型企业的复工复产上。

二　疫情下新产业的发展机遇与挑战并存

这次疫情给新产业带来的影响是什么？现在我观察到的是机遇与挑战都有，用另一个表述就是，疫情背景下新产业呈现分化的态势。分化意味着有好有坏。

在前期的疫情防控和病人救治过程中，我们看到不少新技术的应用。比如大数据在多场景的应用，大家最熟悉的是健康码，这里既用到大数据又用到人工智能（AI），包括正在利用这些技术推进疫苗和药物的研发。此外，智能设备、远程诊断、在线教育、在线医疗等很多方面，背后都有数字技术的支撑。

所以，这次疫情给这些新产业带来了更多的机会，受益最大的是基于数字技术和互联网的新产业。这些产业过去的发展并不是一帆风顺的，这次疫情在某种程度上相当于一次压力测试，从而使得需求侧、供给侧以及政府作为监管者或者是第三方形成了前所未有的共识。这三种力量合在一起，在未来相当长一段时间内都是极大的推动力。

既然是分化，就意味着还有另一类新产业，疫情过后可能会面临严重的困难。比较典型的应该是新能源产业。过去我们一直认为，战略性新兴产业就会有同样大的机会。现在看，这次疫情带来的机遇和挑战是各不相同的。全球油价的下跌，以及在未来比较长的时间内会维持在较低的价格水平，对于很多新能源行业的发展来说，毫无疑问带来非常大的压力，也会给包括页岩气、页岩油的开采，甚至包括节能环保产业带来很大的压力。最近特斯拉在国内颇受关注，汽车行业特别是新能源汽车行业属于大浪淘沙。疫情一方面给了大家更多的动力，希望有自己的车以便减少被传染的概率；另一方面，油价大幅下跌以后，使得新能源汽车和传统燃油车之间的相对竞争力反而下降了。这两种力量的方向是相反的。

下一步，当传统产业复工复产过程顺利推进的时候，对于新产业的发展也需要分类施策，不能简单地一刀切。疫情期间的一些政策是阶段性的，一段时间以后自然会适时退出，推动新产业发展的长效机制还是为它们创造更好的生态环境，让这些新产业在阳光雨露的滋润下健康发展。

疫情冲击下的中国制造及未来发展趋势

新　望*

关于疫情对中国制造的冲击，必须站在全球化的角度来把握，甚至要跳出经济学思维。外伤外治，内伤内治，要看到问题的严峻性，才能应对得当，化危为机。对未来的中国制造业而言，这场疫情的影响，在技术变革和产业方向选择上也许是革命性的。

一　新冠疫情冲击波：基本判断

这不是普通的经济危机、金融危机，而是生命危机、人类危机、地球危机。所以，与传统分析的逻辑框架不一样，与以往情况也都不能简单类比。

世界经济衰退已经不可避免。一系列连锁反应如同多米诺骨牌，正在向全世界各个地方各个领域蔓延、扩大，先是由中而外，又由外而中，能源需求陡降、石油价格崩盘、多国股市熔断、产业链断裂、资产价格暴跌。如果疫情持续超过半年，一部分世界经济存量将面临灭失，悲观的看法，如经济学家金刻羽认为，经济产出可能会丧失40%左右。

* 作者系中制智库研究院院长、首席研究员。

疫情从中国以外蔓延后，中美加速进入对抗轨道，“针锋相对，以牙还牙”。暂时看，对抗不可逆、难以缓解，双方联手抗疫的可能性不大，而且有从“零和博弈”走向“博弈失控”的可能。

中美关系是全球化的压舱石，如果中美脱钩，全球化变为半球化，世界出现两个联盟、两个体系、两套规则，这对中国极为不利，因此我国要有预案。

个人、家庭、企业、行业、政府都将经受疫情冲击的考验，全世界的中产阶级和企业经营者都将出现实实在在的财富损失和生活质量的下滑。而且我们发现损失最大的是个人、家庭、企业。恢复过程将取决于疫情延续的时间，直到疫苗的出现。

在病毒面前，现代化是脆弱的，全球化是脆弱的，世界也是脆弱的。对付大流行病，需要全世界的政治家、科学家、企业家和非政府组织尽快联合起来，倡导人本主义发展观，构建人类命运共同体。

最终的结果，应该乐观，大灾难催生新文明。“伟大的纠正”（比尔·盖茨）会得到“超额的补偿”（塔勒布），所谓“沧海桑田”，新的生活方式、生产方式、商业模式和新技术革命，其带来的结果必将是一个新世界的诞生。

二 疫情对中国制造的冲击

一般媒体和公众只看到了疫情对第三产业的巨大冲击。其实，生活必影响到生产，消费必传导到供给。

必须高度关注疫情对中国制造的冲击和影响。中国在世界的经济地位主要靠制造业支撑，城市化也主要靠制造业，中国所有产业中全球化程度最高的还是制造业。要极力捍卫“世界工厂”地位，最大程度防止“脱钩”。

以往的战争会刺激制造业，而此次疫情，却杀伤制造业。制造业是各国对付疫情的隐形战场。

疫情背景下对我国经济全年增速预测，具有代表性的有两家。高盛将2020年中国全年GDP增速从5.5%下调到3%（这个预测是疫情在全世界还没有大规模暴发之前做出的）；中金将中国全年GDP增速从6.1%下调到2.6%。当然，实际结果主要取决于疫期长短。

眼下，中国制造已受到疫情深度冲击，应对产业链的外迁、回迁最为紧迫。这是东南沿海的开发区、高新区和地方政府必须马上要对付的“次生灾害”。2008年国际金融危机以来，欧美开始“再工业化”和“制造业回流”，中美贸易战和新冠疫情加速了这一过程。这次疫情导致产业链受阻，一些外资企业不得不外迁。

有一个概念需要强调——“产业链安全”。电子、机械、装备、化工这四个行业，出口比重大、中间产品多，不论是内停，还是外断，一旦供应链重组，风险极大，后果极其严重。所以，虽然中国当前产业链的地位是三四十年的积累，但也不能大意，不能盲目自信，必须时刻关注国际产业转移的新动向、新格局。

当下，不能只讲复工复产，复供复工复产复能复销要连起来看。具体分析，复工不复供、复产不复能、复能不复销，都是问题。据初步调查，长三角一带复工率已经达到90%，但制造业是链式复工。另外10%也很重要，说不定正是堵点所在。

疫情后期的出口停摆比前期国内消费下滑对经济的冲击还要大。为什么？链条断裂，难以修复，国内消费却可以慢慢启动。目前，海外疫情的二次冲击已成事实。前期是丢单，之后又是退单、无单。海外疫情暴发后，日韩的元器件、零配件进口受阻，面向欧美的产品出口停滞，海外市场急剧萎缩，出口导向型的地区和企业，会不会出现失业潮、民工返乡潮，需要提前考虑，提前应对。

制造业的居间性，会使其受到其他产业影响，受到上下游的拖累，按照三二一的产业次序，渐次传递。尤其是第三产业中的制造业比重较高的部门，与制造业企业一起停摆。其中，冲击最大的制造业是四类：要素流动型、劳动密集型、产销一体型、服务型制造业。前两种是传统制造业部门，后两种是新型制造业。由于旧的统计口径和产业划分，目前的统计数据并未能准确反映制造业的受冲击程度。

当前，企业要活命，开始节支降本瘦身。必须看到，过去这些年，中国制造业的要素成本上升过快，制造业企业负担过重，这需要反思。

为什么会出现“脱实向虚”现象？有两个方面原因，一个是产业没有转型升级，达不到平均利润，被资本和投资者抛弃；另一个原因是要素成本上升过快，土地、劳动力、能源、运输、技术、资金、环保、社保等都在上涨。而这些要素价格除技术外，许多是垄断的或与国家政策有关的。疫情后有没有可能下调？我认为要么生存，要么下调。

三　应对疫情对策及未来产业发展方向

首先必须强调，面对疫情，中美必须联合。什么是传染病？什么是大流行病？就是没有国界，到处是战场，而且敌人是隐蔽的。这次疫情，任何国家也不能独善其身。不像第一次世界大战、第二次世界大战，美国可以隔岸观火，渔翁得利，这次美国也是重灾区之一。

中国是“世界工厂”，美国是“世界银行”，抗疫需要中美合作，疫后世界经济的恢复，也需要中美合作。

退一步说，疫情过后至少要守住身边的中日韩东亚经济圈以应对极端情况。即使全球化变为半球化，中日韩的经济合作和自由贸易也必须保住。

再退一步，要发挥好国内超大规模内需市场的优势，还有许多改革红利可以释放，民生领域很多的供给短板，主要是特许门槛和政策不到位、开放不到位导致的。

在应对企业外迁的同时，我们也可以趁此机会走出去。海外一些国家资产价格已经到了地板价，大的民营企业如联想、格力、海尔、小米等企业均有机会。企业家要树立“危机型增长”的概念。塔勒布在写了《黑天鹅》之后，又写了《反脆弱》一书，专讲如何应对黑天鹅。未来，什么是“新常态”？就是没有“常态”，要学会在混乱和不确定当中生存并获得盈利，企业要建立反脆弱能力。

我国未来的产业发展方向在哪里？钱投哪里？

对于政府来说，上策是救中小企业，免租免息、退税退社保。要真金白银，要快。流动资金枯竭，三个月是生存线；中策是救济失业群体，投民生，启动消费端；下策是新基建。各国救灾都有一些临时性的非常措施和办法，但没有必要将其上升到制度优越性的层面，更不能把非常措施固定下来。抗灾要靠政府力量，靠集中制；恢复经济，还是要靠市场，靠企业家。

对于企业来说，要投未来产业，投趋势。未来制造业有以下几个新的趋势和方向。

（1）生物医药和新型医疗设备，尤其是医疗健康信息化装备。

（2）新型的与宅消费、宅经济有关的制造业及服务型制造业。其中受益最大的是信息技术相关的制造业，如平板电脑、移动终端、移动智能设备。

（3）云上生活日常化，OTO 商业模式、网上办公、会展、协同办公软件开发与应用需求增大，还有大的发展机会。

（4）进入人工智能（AI）社会的基础设施建设。数据智能 + 网络协同，惠及个人、家庭和社会的角角落落。大数据技术、区块链技术将广泛应用。三大运营商、电商平台、支付平台将被赋予新的功能；制造将更加个性化、服务化；虚拟社区、虚拟社交将成为主流形态；智慧城市、智慧社区、智慧交通将快速发展。大家可以回顾一下，微信群在这次抗疫过程中起到不可替代的作用。大数据是未来的“石油”，数字资产升值后将会出现数据安全和数据战争的问题。

（5）传统产业通过“云大物移智”进行改造升级，潜力巨大。5G技术、工业互联网将助推智能制造技术广泛应用，中国版的“工业4.0”将助推中国制造向产业链中上游提升，赋予中国制造新的竞争力。中国在这个领域与美欧同步，并不落后。“云大物移智”赋予“制造”和“工业”全新的含义，其核心是创新。

（6）非接触产业和连接类产业大发展。产业链各环节更加依赖流动性，主要靠现代物流业支撑。疫情期间，幸亏有快递填补了流动性保障。未来无人机技术应用前景广阔。远程、精准、非接触，战争形态甚至也在随之改变。

以上都是突破既有格局的与制造业有关的发展方向，也基本是绕开美国“长臂管辖”的，是美国人无法卡脖子的方向。而这一点，也是未来中国产业选择必须要考虑的因素。

中国正在从制造大国向制造强国迈进。应对得当，“危”中有“机”。这场大疫也可能是中国制造转型升级的催化剂，是中国制造高质量发展的新起点。

二　疫情冲击下的产业发展与结构调整

应对疫情冲击重在加快产业结构调整

迟福林*

新冠肺炎疫情在全球蔓延给各国产业发展带来明显冲击和严峻挑战。当前，我国经济转型与经济结构调整正处于重要阶段，经济发展的阶段性特征比较突出，疫情对产业发展的冲击，加大了产业结构调整的压力。

一 疫情对经济增长的冲击可能是短期的，但对产业结构的影响将是长期的

1. 疫情对产业发展的供给和需求产生双重冲击

疫情的全球大流行给正常的世界经济循环造成冲击，所产生的短期效应已超越以往任何一种内生性的、扰动性的冲击。例如，疫情严重冲击产业发展的供应链，造成一段时间内产品、服务或生产要素的供给减少甚至中断。另外，疫情严重冲击消费需求，2020 年 1—2 月我国社会消费品零售总额下降 20. 5% 。[①] 应当说，疫情导致了产业链的暂时中断和市场需求的短期抑制，对短期经济增长的冲击是相当严

---

* 作者系中国（海南）改革发展研究院院长。

① 《国家统计局公布数据》，国家统计局网站，2020 年 3 月 16 日。

峻的。虽然不同机构对 2020 年全球经济增长预测不同，但均大幅下调了增长预期。

2. **疫情给产业发展带来巨大的结构性压力**

一方面，传统产业在疫情中受到严重冲击。如 2020 年 1—2 月，我国餐饮收入同比下降 43.1%。[①] 另一方面，疫情催生和促进了某些新型产业和新型业态的发展。2 月，爱奇艺、芒果 TV 和腾讯视频会员数量环比分别增长了 1079%、708% 和 319%。[②] 再如，云娱乐、云直播、云看展等新业态用户高涨，各地博物馆推出了 2000 余项网上展览，春节期间总浏览量超过 50 亿人次，众多 5A 级景区开辟了线上游览功能。[③] 总体上看，疫情加快了相关行业从线下向线上的转移进程。需要高度关注的是，由于经济下行等因素叠加，疫情对产业结构调整的冲击更为深刻、更为严峻，某些结构性矛盾有可能进一步加大。

3. **将短期经济政策支持与中长期结构调整有机结合**

应对疫情冲击，要以稳增长、调结构为指向，重视具有基础性、先导性、战略性、引领性的基础设施和产业发展。第一，坚持底线思维，稳定和保障基本生产秩序和基本生活相关产业的正常运行，如吃穿、医疗、防护物资、住行等。第二，大力发展现代公共服务业尤其是健康医疗服务业，规划建设重大公共卫生基础设施，以带动相关产业发展。第三，促进通信、线上教育、智慧物流等依托于互联网的数字产业发展。

---

① 《国家统计局公布数据》，国家统计局网站，2020 年 3 月 16 日。

② 《返利网数据》，返利网，2020 年 2 月 16 日。

③ 《提振消费信心　新业态加把劲》，《经济日报》2020 年 3 月 19 日。

二 全球供给链重塑对产业发展将带来严重冲击，但对中国基于内需的产业结构调整会形成重大推动力

1. 产业结构调整要高度关注疫情对全球供给链的严重冲击以及其带来的产业安全隐患

在经济全球化形势复杂变化的特定背景下，上下游产业链、产业链各环节间的联系日益增强。2017 年，我国芯片对外依存度达到 70.67%，① 大豆对外依存度超过 80%；② 2018 年，我国石油对外依存度达 72%，天然气对外依存度为 43%。③ 疫情严重冲击经济全球化，重大风险隐患之一是加大了全球供应链的脆弱性。有的发达国家力图重建已放弃的某些产业，如最近日本政府要求其海外制造企业回迁本国；《美墨加贸易协定》（USMCA）试图通过税收优惠等措施，把三国制造的汽车零部件比例提高到 75%。应对疫情冲击下的产业链变局，有效防范全球产业链切割和供应链节点的重新布局可能带来的风险，已经成为我国产业结构调整的重大任务。

2. 产业结构调整要以内需为导向，与经济转型升级的中长期趋势相适应

应当说，尽管受疫情严重冲击，中国经济长期向好的基本面没有改变，经济韧性强、潜力大、回旋余地大等特征突出。目前，中国工业化、信息化、城镇化和农业现代化仍在持续较快推进。在产业结构

---

① 《我国芯片对外依存度依然很高 "缺人"是最大短板》，中国产业经济网，2019 年 4 月 28 日。

② 《我国每年粮食进口超亿吨大豆对外依存度超 80%》，《经济日报》2019 年 7 月 15 日。

③ BP 中国：《BP 世界能源统计年鉴（2019）》中文版。

上，2018年新产业、新业态、新商业模式等“三新”产业占比为16.1%，[①] 预计“十四五”将会有一个比较明显的增长。未来10年左右，中国的消费结构、产业结构和城乡结构还有10—15个百分点的提升空间。基于内需的产业结构调整，是疫情冲击下产业发展战略的重要选择，是中国经济转型升级的内在需求，是经济基本面仍然看好的最大底气。

3. 基于内需的产业结构调整是产业发展的独特优势

稳增长最重要的是稳内需，这是推动产业结构调整升级的主要着力点。中国拥有超大规模的市场优势和内需潜力，面对疫情对产业发展的严重冲击，基于扩大内需的产业结构调整具有某些方面的突出优势。例如，2019年，内需对经济增长贡献率为89.0%，其中，最终消费支出贡献率为57.8%。[②] 2019年我国GDP规模接近100万亿元，消费率预计为54%—55%，消费规模约为54万亿—55万亿元。到2025年，如果消费率进一步提升到60%左右，至少还有25万亿—30万亿元的消费增长空间。

三 产业结构调整需要经济政策的刺激，但更需要以结构性改革形成新动力、激发新活力

首先，以竞争政策为基础推动产业结构调整。例如，以竞争政策形成优化营商环境的基础制度，统领和调整其他相关政策。应当说，在这方面还有很大的改进空间。比如，民营经济贡献了60%以上的国内生产总值，但民营企业获得的融资仅占企业融资总额的20%，

① 国家统计局：《中国统计年鉴》，中国统计出版社2019年版。

② 《国家统计局公布数据》，国家统计局网站，2020年3月16日。

且融资成本高于国有企业 1.5—2.5 个百分点。[①] 这就需要在服务业为重点的领域强化竞争政策的基础性地位，用市场的活力激发服务业发展的潜力，用产业结构调整破解某些服务型消费“有需求、缺供给”的突出矛盾。

其次，以深化供给侧结构性改革形成产业结构调整的新动力。第一，鼓励创新创业，推动中小企业发展。在疫情冲击下，对中小企业采取特殊扶持政策极为重要。与此同时，更需要加快优化制度环境，降低制度性交易成本，以激发中小企业发展的活力，释放创新创业的潜力。适应信息化的大趋势，尤其需要加快推进数字化进程，加快形成有利于创新创业的数字化发展环境。第二，加快推进以土地等为重点的要素市场化改革。有研究表明，农村承包耕地流转每年将撬动 1.3 万亿元资金[②]。如果建立城乡统一的建设用地市场，农村建设用地可能释放上百万亿元的资金需求。农村宅基地是一块巨大的“沉睡资产”，在宅基地等重大制度改革上取得实质性突破，将加快盘活这块资产，显著提升资产配置效率，加快农村产业发展。为此，要真正落实农民土地财产权，在严格土地规划和严格用途管制下，尽快建立城乡统一的土地产权市场交易制度。

最后，以推动市场开放增强产业结构调整的内在动力。例如，面对疫情对服务业的巨大冲击，要加快推动服务业市场开放进程，尽快打破服务业市场的行政垄断与市场垄断，全面放开竞争性领域服务市场价格，尽快形成统一开放、公平竞争的市场环境。这些年来，由于服务业领域向社会资本开放进程加快，服务业领域的投资规模不断扩大。2012—2018 年，服务业固定资产投资（不含农户）由 19.8 万亿

---

① 中国人民大学课题组:《中国宏观经济分析与预测（2018—2019）: 改革开放新征程中的中国宏观经济》, 2018 年 11 月。

② 《三中全会将激活 15 亿亩农地 每年或撬动 1.3 万亿资金》, 《中国经济周刊》2019 年 11 月 27 日。

元增长到37.5万亿元，服务业固定资产投资占全社会固定资产投资的比重由54.3%提高到59%。[①] 如果加大服务业市场的开放力度，服务业领域的投资规模将会进一步扩大。

① 国家统计局：《中国统计年鉴》，中国统计出版社2013年、2019年版。

关于疫情对全球供应链冲击的判断及应对建议

黄群慧[*]

虽然疫情一开始，就不断有经济学者提出有关疫情对经济影响的各种各样的判断和建议，但是随着疫情的发展，疫情对经济的冲击已经越来越超乎多数人最初的想象。疫情对经济影响程度主要取决于疫情发生范围和疫情持续时间两大变量。现在看，疫情发生范围已经实实在在蔓延到全球，疫情持续时间仍无法具体判断，但疫情也绝不可能在2020年第一季度结束，因此疫情对经济影响的全局性、严重性、非短期冲击性也应该得到共识。具体到产业链和供应链，在当今全球价值链分工的国际生产格局下，对疫情影响之深和之广都需要有充分认识，考虑到我国在全球供应链中的地位，现在也必须从“百年未有之大变局”的战略高度认识我国产业链和供应链应对疫情影响的措施。

第一，疫情冲击已经影响全球三大生产网络，全球供应链中断风险不断上升，要高度重视我国供应链安全，抓住我国率先控制疫情的机会窗口，从战略上把握供应链区域化、本地化、多元化、数字化转型的新趋势，促进产业链现代化水平的提高。

从全球制造网络看，世界制造业可以分为三大生产网络，以美

---

* 作者系中国社会科学院经济研究所所长。

国、加拿大和墨西哥为核心的北美自由贸易区，以德国、法国、荷兰、意大利为核心的欧盟区，以及以中国、日本和韩国为核心的东亚地区。全球制造业产出的50%以上来自亚洲，2019年亚洲制造业增加值超过了7万亿美元，其中中国占比接近60%。因此，疫情对我国制造业的冲击，会对全球产业链条产生巨大的影响。

疫情对全球供应链的影响过程经历三个阶段，第一阶段是中国供给链按下暂停键后率先冲击全球供应链的某些环节。根据全球最大的商业协作平台Tradeshift交易量支付数据的分析，剔除2020年1—2月春节前后的影响，截取2月16日开始的一周数据，可以看出中国的总体贸易活动下降了56%，中国企业之间的订单下降了60%，而中国企业与国际公司之间的交易数量下降了50%。第二阶段是随着疫情的蔓延，海外供应链梗阻与需求回落反过来进一步冲击中国产业链。进入3月后，首先是日本、韩国，进而意大利、德国、法国等欧洲地区，北美地区都面临巨大疫情考验和挑战。3月中旬，已经有多家汽车公司纷纷关闭了在欧洲、北美的生产厂商。在我国疫情趋稳、复工开工率不断恢复的情况下，国外疫情影响又“回灌”，我国供应链可能会从供给中断转向需求中断。第三阶段是全球供应链出现全局性的中断。全球三大生产网络都受到巨大冲击，全球价值链分工下供给和需求互相叠加冲击，使得全球供应链将出现大范围中断。现在看来，疫情对全球供应链的影响正从第二阶段向第三阶段演进。三大生产网络受到冲击后，从积极应对疫情冲击角度，各国都会从供应链安全角度进行供应链的调整。从安全视角调整供应链，强调整个供应链的安全可控，必然会加剧去全球化的趋势。由于近些年贸易保护主义和新一轮科技和产业革命的影响，全球供应链已经呈现出本地化、区域化、分散化、数字化的趋势，而疫情对全球生产网络的巨大冲击，会加重这种趋势，全球供应链布局会面临巨大调整可能。

我国正在努力提高产业链现代化水平，促进价值链向高端化攀升。当全球供应链面临巨大调整，这既是挑战，也是我国促进产业链水平现代化、价值链高端化的巨大机遇。面对疫情全球蔓延，我国是最先控制疫情的国家，获得了经济恢复的先机。现在看来，第一阶段所担心的中国产业链大规模外迁的压力应该是减少了。只要有效防止疫情“输入”，我国将迎来供应链修复和调整的战略机会窗口。一方面，对于关键产业、关键环节和关键核心企业，促进其供应链的本地化和区域化。对于一般产业、环节和企业，促进其供应链多元化和数字化转型，提高我国产业链安全水平；另一方面，在尽快修复供应链的同时，围绕制造业高质量发展，提高我国产业链现代化水平和价值链向高端攀升，在全球供应链中占据更有利的竞争地位。也许我国会重塑“非典”之后供应链在全球地位不降反升的奇迹。

第二，基于疫情对产业链的影响程度和产业自身特性，对我国供应链进行分类管理，有针对性地迅速恢复供应链和推进供应链全球战略调整。

对于化工这类典型流程式生产的产业，其上游炼化环节总体受疫情影响小，春节期间继续生产，只是负荷有变化。但这个环节属于重资本行业，发展惯性大，产业链有着较强的黏性，供应链更加紧密，一旦被打散，市场恢复就比较困难，所以一定要确保企业避免出现重大资金风险。现在由于石油价格大幅降低，这对于上游炼化行业来说已经出现了重大机遇。该行业的下游精细化工，以中小企业为主，多采取订单制，受全球疫情影响而产生的防疫化学用品需求或有增长，应该抓住这一难得的市场机会。但对于一些橡胶塑料等处于产业链中游的化工原料，我国对日、韩、美、意、德等国的依赖程度较高，随着疫情发展会影响我国产业链。应注意的是，由于精细化工终端产品的专用性过强，疫情影响会使得需求波动大，为规避由此造成的产业链震荡，可适当提高中间体化工产品的比重，同时要推进供应链的全球布局多元化，以灵活应对精细化工终端产品订单变动而造成的风险。总体而言，疫情给大化工行业提供的机会大于冲击，关键是要及时全面复产，抓住机会促进化工行业高质量发展。

汽车、电子、机械、家电、服装等离散型制造产业，现在看来受疫情影响比较大。在第一阶段，从湖北和武汉的产业集中度看，汽车、新一代电子信息技术以及生物医药会受到较大影响。以汽车为例，湖北汽车行业的供应链影响最为突出，湖北是我国四大汽车生产基地之一，也是零部件企业汇聚之地，规模以上车企 1482 家，2018 年整车产量 220 万辆，占全国 9%，湖北汽车零部件生产已经占全国比重 13%。第一阶段中国受疫情冲击已经对全球汽车供应链产生巨大影响，2020 年 2 月 10 日，韩国五大整车企业全部因中方提供的零部件耗尽而暂停其境外生产；2 月 14 日，日产汽车公司在日本九州工厂的 2 条生产线全部停产。随着疫情蔓延到三大生产网络，到了第二阶段，欧美已经有多家企业宣布停产。随着疫情在海外发酵，其必将对我国汽车和汽车零部件进口形成冲击，传导作用将致使全球汽车供应链受到难以估量的影响，也将走向第三个阶段，全球供应链中断。总体而言，在第一阶段，我国产业的供应链对全球供应链影响比较大的行业包括纺织服装、家具以及电子、机械和设备等领域。

从疫情输入对我国供应链影响角度分析，第一阶段作为供给方，由于国外需求减少上述行业还会受到影响，服装、半导体与集成电路、光学与精密仪器、化学品、空调、玩具、家电都会受到影响。作为需求方，机电、化工、光学仪器、运输设备和橡胶塑料等方面对日、韩、美、意、德等国的依赖度较高，较易受到疫情升级的冲击。尤其是光学影像、医疗器械、车辆及零部件、集成电路与半导体等产品，自疫情国进口的高附加值零件、设备面临中断风险，会受到较大冲击，但也是中国从替代走向创新、自我升级的机会。另外，当前资源品进口受疫情冲击小，矿石、能源价格下行使国内进口链的下游行业成本下行。

第三，作为产业基础再造工程的一项重大任务，紧急整合政府、研究机构、企业和行业协会等资源，在采取综合救助措施的同时，进一步加速建立分重点行业、重点地区供应链安全评估与风险预警制度。

在分类指导、分区施策方针指导下，除对疫情严重地区继续全力抓好疫情防控外，其他地区分区分级实施差异化防控策略，力争有序组织企业及早复工复产，这是统筹好疫情防控和经济发展的关键。从中央到地方，已经纷纷制定出台了一系列措施帮助企业复工复产，扶持企业渡过难关。一方面，要从全局性、系统性的角度来协同强化落实各地政府对制造业企业的税费减免、利息减免、贷款展期、企业经营成本补贴、物流畅通、通关便利等各类政策措施；另一方面，要抓住关键环节、关键企业、关键问题，服务企业，保证整个供应链的正常运转。这具体包括帮助企业协调解决招工、原辅材料和产品发货运输、供应链对接等相关困难和问题，推动上下游产业链协同复工，加强区域间产业协同协作机制，保障物流畅通效率。对于中小企业要加大扶持力度，尤其注重保护关键产业链中掌握核心技术的“小巨人”企业的稳定运营。首先在卫生防疫方面，要加大对中小企业的公益支持力度，提高其卫生防疫能力，在保证其安全性的前提上，允许及早复工复产；其次要鼓励这些行业和企业进行商业模式创新，尽可能创新拓展其在线化、个性化服务模式；最后要充分发挥公共平台和大型平台企业对中小企业的服务支持作用，降低中小企业经营成本、提高其经营便利。

及时救助企业、尽快修复供应链的综合措施必要且急迫，但还必须从长远考虑建立供应链安全评估和风险预警制度，这可以归为中央在 2019 年提出的产业基础再造工程的一部分。通过供应链评估和风险预警，科学评估疫情对供应链冲击的溢出效应和传导效应，分析评估供应链整体和关键环节对于疫情的抗冲击能力，使应对疫情冲击有科学的基础。一方面，要根据产业特性，分类建立相应的供应链安全评估和风险预警制度，包括区分流程式制造和离散型制造，在离散型制造业中。当前对于机械、电子、汽车和家电等产业链较长、对出口影响比较大的行业，迅速建立供应链安全评估机制；另一方面，针对重点的产业集聚区域，建立相应区域的供应链安全评估和风险预警制造。例如，长三角、珠三角等很多产业集聚的地区也需要重点关注。通过该项制度，可以将监测的数据和信息及时反馈给供应链参与者以及其他利益相关方，便于各参与方及时采取相应的措施，抵御可能的风险，从而避免因为供应链中断而面临风险。

第四，通过完善供应链金融支撑，提高供应链核心企业以及供应链平台的数字化水平，增加我国产业供应链弹性，促进供应链快速恢复和调整。

供应链弹性主要体现在供应链的两个方面，一是抵御中断能力。在发生重大灾害的巨大冲击时能够保证供应链不中断、以最小的损失平稳渡过的能力；二是中断恢复能力。当供应链发生中断时能够快速反应并找到有效恢复路径回到稳定状态的能力。政府推动供应链弹性应该关注供应链金融的支撑以及核心企业数字化水平。

资金问题一直是我国中小企业的关键制约，遇到重大灾难，资金问题更为关键。政府应该从供应链金融的视角帮助企业恢复供应链运营，这是政府在推动产业供应链弹性建设的重要一环。对涉及批发零售、住宿餐饮、物流运输、文化旅游、汽车制造、电子信息、纺织服装等受疫情影响较大的行业建立重点监测机制，对有发展前景但暂时受困的企业和项目，不盲目抽贷、断贷、压贷，延长贷款期限和减费降息。允许受灾债务人的旧贷款通过庭外和解的方式予以豁免，担保人的代偿义务得到豁免，避免相关违约对其征信资质的损害。政府出面协调核心企业、供应链企业及金融企业的关系，推进核心企业进行交易确权，降低金融机构的成本，同时调低对中小企业借贷的利率。

通过各种方式推进产业供应链产业平台，协同上下游伙伴企业，聚集各类生产要素，促进资源高效配置和供需精准匹配，推进供应链全流程数字化、网络化、智能化，更好地服务供应链网络中的企业，这也是政府提高供应链弹性建设的抓手。供应链中的核心企业往往可以起到供应链平台作用，能够协调供应链中的企业关系，政府要重视培育产业链中的核心企业。一方面通过提高这些核心企业的创新能力，打造更强创新力、更高附加值的产业链；另一方面可以提高核心企业的数字化能力，带动整个供应链管理信息化、现代化、系统化水平的提高。政府要以数字化建设为目标，推动新一轮基础设施建设，支持企业加强供应链流程数字化管理能力建设，利用数字化技术抵消供应链的不确定性，推动供应链管理的效率变革。

第五，加强联合抗疫，积极参与全球价值链国际合作与治理，支持我国企业加快走出去步伐，保障全球供应链节点安全，推进“数字丝绸之路”建设。

一是通过巨大的中国制造产能恢复，加大防疫物资的全球供应保障，支持世界防疫；二是推动供应链安全领域国际合作，与主要贸易伙伴形成供应链安全联合声明，建立多渠道、多层次供应链安全体系，探索“供应链反恐伙伴计划”“供应链自然灾害应对计划”等合作形式，协作处理潜在供应链中断风险；三是与国际海关组织、国际海事组织、万国邮政联盟等国际组织合作，在海事、航运、邮政等领域形成长效合作机制，共建跨区域甚至全球性的富有弹性供应链；四是鼓励我国企业加快“走出去”步伐，提高我国企业进入海外市场和供应链的能力，减少与其他国家和地区企业的“零和博弈”、恶性竞争，形成高度协同、友好合作的供应链战略伙伴关系；五是支持我国企业加强对核心技术、重要原材料、关键节点资源的掌控，在全球消费市场加快构建营销网络，提升参与和构筑全球供应链的主动权；

六是将全球供应链合作与“一带一路”建设有机结合，推进“一带一路”沿线国家和地区加强数字供应链体系建设，构建“数字丝绸之路”，促进沿线国家和地区核心生产要素、区域优势资源、产业链上下游环节的有效合作。

在统筹疫情防控和经济发展中守护“中国制造”产业链安全

张占斌[*]

全产业链是“中国制造”和“中国奇迹”的有力保证，也是中国产业结构优化和高级化的强大平台。受疫情影响，中国多个行业的产业链受到较大冲击，有的已经断裂，可能会加剧中国产业链的“外溢”趋势，增加产业链关键环节的对外依赖，降低产业链的竞争力和控制力，对中国产业链安全造成冲击和威胁。现在疫情在全球蔓延，其他国家产业链也受到了挑战。中国的产业链遇到的风险和全球一些国家产业链遇到的风险产生交叉，使得风险程度进一步提高，而且全球产业链风险还有可能“输入”中国的产业链中，无疑使我们的风险更大了，这确实是一个百年未有之重大冲击。

习近平总书记非常关注国家的产业链安全，在中央财经委员会第五次会议上提出，要充分发挥集中力量办大事的制度优势和超大规模的市场优势，打好产业基础高级化、产业链现代化的攻坚战。在统筹推进新冠肺炎疫情防控和经济社会发展工作部署会议上强调，要加强上下游产销对接，推动产业链各环节协同复工复产。我们要在统筹疫情防控和经济发展中，高度重视守护“中国制造”产业链安全。

---

* 作者系中央党校（国家行政学院）马克思主义学院院长。

一　制造业产业链“外溢”现象不容忽视

在疫情暴发之前，中国制造业产业链的安全也有风险和挑战。最近几年，外资及中资制造业向东南亚、印度、墨西哥等海外国家和地区转移加速，产业链“外溢”现象不容忽视。2019 年，中国美国商会针对 239 家在华的美资调查显示，22.7% 的公司将把供应链从中国转移出去，19.7% 的公司正考虑将部分或全部制造业迁出中国，33.2% 的公司将推迟或取消其投资，只有 2.9% 的公司将增加其对华投资。普华永道对台资企业的调查也证实了这个问题的严重性。40% 的台资企业计划调整其供应链和采购策略，39% 的企业计划投资其他市场，29% 的企业计划将生产转移其他国家。全球知名的贝克·麦坚时国际律师事务所在 2019 年发布的《极度复杂的年代》商业投资报告调查了 600 名亚洲区高管对未来投资的态度和考量，报告显示，93% 中国区高管正考虑调整布局，其中 18% 已经开始调整其生产和供应链。这些情况虽然还在调整变动中，但苗头很清楚，需要我们高度重视。

中国制造产业链面临一场艰难的攻防战。产业链“外溢”现象的形成受到客观经济规律和发达国家“制造业回归”战略、中美贸易战等因素合力影响。一方面，由于成本、市场和技术获取等多种因素，产业链的重塑已经成为一个全球性趋势，我国制造业，特别是中低端制造业，向低成本国家转移是一种客观趋势。另一方面，制造业重新受到全球各国重视，欧盟、美、日等发达国家都已制定了本国的“再工业化”“制造业回归”战略，全球争夺制造业高端链条的竞争日趋激烈。美国更是不惜发动贸易战、科技战，对中国重点制造业企业的产业链进行“精准”打击，通过封锁禁运关键技术、关键元器件、关键材料、关键工业软件，逼迫外企从中国迁出，使中国产业链碎片化，最终达到围剿中国制造高端链条，甚至抛开中国重组产业链的企图。

无论是产业链按照市场规律的自发“外溢”，还是在中美贸易战、科技战外力导致的被迫“外溢”，都会对中国产业链安全构成严峻挑战。在对外依存度方面。虽然中国在部分行业核心技术领域取得了一定的突破，但从整体上看，原始创新能力依然不足，部分产业和领域存在核心技术缺失、对外依存度较高。国际竞争根本上是产业链控制权的竞争，关键是产业链上的核心技术的竞争。中兴、华为事件充分说明中国产业链存在因核心技术缺失而导致的高对外依赖风险。此外，产业过度转移也将导致产业链空心化的风险和产业链碎片化、不健全等问题。在产业控制方面，一方面，中国产业技术创新已步入从跟踪为主转向跟踪和并跑、领跑并存的新阶段，已加快并购国外具有核心技术的公司，积极在海外布局研发中心或创新机构；另一方面，随着改革开放的进一步推进，外资准入门槛不断降低和开放领域不断扩大，外资对中国产业链上下游高端、关键环节的投资、并购、控制的步伐加快也在加快，对中国产业链的完整性和控制力造成一定的冲击和威胁。

二 疫情的叠加效应放大了中国产业链的安全威胁

疫情暴发以来，由于初期“封城”“封路”、停工停产，一些产业的供应链中断。中央根据形势发展及时调整了防控策略，要求各地统筹做好疫情防控和经济社会发展工作，适时调整了防控措施，实施差异化防控策略，积极推动企业复工复产。但复工复产与疫情防控统筹安排难度很大，落实起来并非易事。从人力的角度来看，在疫情有效控制之前，不少员工根本就不会回来。清研智库的一项调研表明，只有31%的人愿意按照单位要求回来复工，约50%的人希望推迟1—2周，11%的人希望推迟1个月。即使一些企业、一些生产线率先复工了，但复工后有人感染了怎么办？如果大量员工被隔离，不仅生产经营无法延续下去，还会给企业造成无法承受的成本压力。从供应链的角度看，目前原材料、物流等几乎所有供应链都受到影响，特别是处于湖北的供应链受影响更严重、时间更长。

全球供应链都是相互镶嵌的，疫情对全球的制造业务造成了重大影响。目前，中国是全球33个国家的最大出口目的国和包括美国在内65个国家的最大进口商品来源国，疫情导致中国对外国产品需求下降，致使全球供应链、产业链明显受到影响。根据欧瑞公司的预测，受中国疫情影响最大的产业首先是家庭用品、高科技产品、纺织产品；其次是机械设备、橡胶、医药和医疗用品及化学品。以汽车产业为例，疫情重灾区湖北省，2019年生产汽车223.97万辆，占全国总量约8.8%；汽车零部件企业多达近1.2万家，占全国的比重为13%。除了湖北，上海、广东、重庆、浙江等省市占据全国汽车产量的2/3以上，大都处于延长假期或者半复工状态。疫情使全球汽车产业正在掀起一场停产危机。特斯拉上海超级工厂曾一度停产，本田汽车称推迟其湖北工厂的复工，丰田汽车将延长在华工厂的停工。2019年，中国的手机、计算机和彩电产量分别占全球总产量的90%、90%和70%以上。疫情使大量工厂无法正常复工，导致部分产品的生产和配件供应中断，苹果、戴尔、惠普、高通等公司，都在评估中国疫情对其供应链的破坏程度。

然而，中国制造整体上还并没有像美国、日本、德国已经通过技术、标准、知识产权走到了产业链的上游，对产业链具有很强的控制力。中国绝大部分甚至整体上还处在产业链的中下游，当产业链中的生产环节向外转移之后，中国制造业企业对于产业链的控制力还没有那么强。如果疫情造成的供应链不能在短期内迅速恢复，势必导致中国制造在全球产业链上的松动，合作关系的制造商就会迫切寻找潜在替代商，而竞争关系的制造商则会顺势取代中国位置。这些链条一旦失去，就很难再补回来，从而给中国产业链安全带来持久风险。

更为严重的是，美国正在利用这次疫情加快美国制造业回流进程。疫情发生后，美国一些政客“筑墙”“脱钩”的论调不绝于耳。美国商务部部长罗斯表示，中国发生的新型冠状病毒疫情“有助于加速制造业回归美国”。不仅在言论上，美国事实上也已经开始行动。美国已于2020年2月18日宣布取消中国“发展中国家”优惠待遇。可见，疫情之下，迅速恢复我国全产业链供应，避免产业链松动，是当下更为重要的战略关注点。

三　守护和增强“中国制造”产业链安全的对策建议

最近，媒体发表了很多相关的文章，比如疫情难以撼动中国在全球产业链中的地位，产业链没有出现向国外大规模转移，为稳定全球供应链贡献中国力量，等等。中国制造业具有产业门类齐全、产业链完整、产业配套能力强和市场潜力大的比较优势。产业链环环相扣，而且产业链一旦形成，具有一定的黏性，并且保持相互稳定、依赖性。一般来说，产业链的转移成本还是比较高的，在一个很短的时间内也很难完成替代。中国疫情的防控已经出现了比较好的势头，这为我们大规模的复工复产创造了条件。这个时间差也体现在中国对国际的贡献上，为全球产业链的稳定贡献了中国力量。

要针对疫情防控的特殊环境，适应全球产业链发展趋势，高度重视疫情对中国产业链安全造成的冲击，把短期消除疫情冲击和长期降低对外依赖性、提高产业链控制力结合起来，构建国家产业链安全防控体系和海外利益保护和救援体系，建立维护产业链安全的长效机制。

一是科学评估疫情对中国产业链安全的影响，分类制定安全预案。抓紧研究制定产业链安全评价体系，全面评估国内疫情对中国产业链安全的影响，并尽快研究制定防范预案。针对疫情的发展态势，要密切关注美国、西班牙、英国、意大利、德国、法国、伊朗、荷兰、瑞典、瑞士、挪威、丹麦、比利时、奥地利、葡萄牙、捷克、希腊、以色列、澳大利亚、加拿大、韩国、新加坡、日本等国家和地区疫情态势，对中国产业链的国外供应链条安全性进行评估和应对。评估和预案制定要区分短期和长期、疫情严重区域和一般区域、关键链条和普通链条、国内和国际、重点行业和非重点行业等情形，分类实施，精准防范。

二是打通“堵点”“痛点”，精准推动产业链上重点企业尽快复工复产。要统筹做好疫情防控和经济社会发展工作，支持重点企业尽快复工复产，保障全球供应链安全。要严格制止以审批等简单粗暴的方式限制企业复工复产的做法，针对复工复产的“堵点”“痛点”，全力支持和组织推动各类企业复工复产，保持产业链总体稳定，保障疫情防控和人民群众生产生活需要。要保障产业链重要环节上的企业、与疫情防控和人民生活紧密相关的企业、短期受疫情冲击较大企业优先复工复产，并在贷款利率、期限等方面给予特殊优惠政策。要加大企业复产用工保障力度，组织重点行业农民工及时返岗复工，用好用足援企稳岗政策，解决好相关企业用工难、用工贵问题，最大限度稳定企业用工。要在推动企业复工复产上，特别是重点企业的复工复产上下更大的功夫，采取超常规的手段支持重点企业、核心企业、关键企业复工复产，为他们解决困难。

三是加强核心技术研发，在全球产业链调整重塑中增强中国产业链的控制力。是否拥有产业生态主导企业、是否拥有具备“杀手锏”的核心环节的技术和零部件供应企业，是决定产业链控制能力的关键。提升产业链控制力的重点是以企业和企业家为主体，培育产业生态主导企业和核心零部件企业，增强全产业链、关键环节、标准和核心技术的控制力。要积极调整中国产业链布局，锁定产业链优势环节，加强核心技术研发，提高原始创新能力，在产业链重要环节和核心技术上取得突破，增强对战略性行业和重要环节的整体竞争力和控制力。

四是推动产业链跨国界依赖向当地要素和消费市场延伸，增强维护产业链安全的经济合理性。一国发展产业往往源于比较优势，产业建立后才出现竞争，即使竞争力不强，该国也会加强对具有比较优势的幼稚产业的保护。在这种情况下，与拥有比较优势的地区谋求合作共赢，或吸收当地的优势要素（如雇佣当地劳动力、允许当地人进入企业管理团队），或向当地转移生产环节（如与当地合作设立上下游企业），就推动了产业链跨越加工环节，向要素和消费市场延伸，维护产业安全的关注点就相应地从原来的焦点环节向全产业链延伸。而且，按资源禀赋产生的国际分工使各国产业结构各具特色，导致产业链跨国界依赖日益加深，维护产业链安全就具有与全球化、区域化趋势相一致的经济合理性。

五是构建国家产业链安全防控体系，加强对外商投资并购、中资企业“走出去”的全程监管。建立健全外商投资、并购审查机制，规范外商投资、并购行为，避免外商恶意并购或者试图控制我国产业链核心环节，消除给我国产业链安全造成较大损害的风险；强化产业链核心环节管控机制，加强核心环节、敏感技术和高端装备“走出去”的管理和控制，降低产业关键环节被外资主导的风险和国内产业“空心化”风险；完善国家产业链安全法律保障，对影响或者可能影响国家安全的对外投资、关键技术转移、特定产品和服务输出、涉及国家安全事项的建设项目，加快推进产业安全法和配套法规规章的制定；建立产业链安全预警机制，密切关注国外针对我国设置的贸易壁垒情况，强化行业协会在产业链安全预警机制中的作用，建立全覆盖的产业链安全数据库；健全海外救援体系，建立与国外安全执法部门的协作机制，积极发挥国内外商会、协会、基金会、咨询机构的作用，为企业“走出去”提供专业咨询、法律援助、技术支持等多种形式的风险救援；建立全国性和区域性的产业链安全防范基金，加强对重点行业、重要环节的保护和救援。

六是着眼于建设制造强国高标准的要求，制定维护产业链安全的长效机制。把中国制造业的比较优势发挥得更好，这方面我们需要：科学布局产业链，确保重点产业安全稳健发展。深度融入全球产业链的合作分工，合理确定生产力的重大布局。统筹中西部地区精准承接东部产业转移，以技术创新重新布局产业链。加快一定程度的出口替代，倒逼产业技术上新台阶。要有效地提升价值链，提升重点产业的核心竞争力。要全力确保供应链，提升产业配套的发展能力。要协同打造创新链，确保关键产业自主可控。着力构筑防护链，增强产业的风险抵抗力。比如，建立一个维护产业链安全的宏观管理机制，维护产业链安全的协调服务机制，维护产业链安全的信息畅通机制，维护产业链安全的风险评估机制，维护产业链安全的预测预警机制等。这些工作我们要把它逐步地完善起来，特别是利用“十四五”规划，在产业链安全方面、在长效机制建立方面可以下更大的功夫，维护我国的产业链安全，提升我国产业的国际竞争力，支撑大国经济向更好的方向发展。

尽快制定产业恢复振兴规划，应对新的世界“大萧条”

曹文炼*

中国应尽快制定新的一揽子“产业恢复振兴规划”，或者提前制定“十四五”专项规划，以应对即将到来的新的世界经济“大萧条”。

新冠疫情对经济社会的严重影响不可低估，2020 年第二季度开始，欧美主要发达国家进入经济萧条，全球经济陷入衰退已成为大概率事件，至少是第二次世界大战后最严重的一次经济危机。当然我们对此也不必过于悲观，现在中国的国民财富和宏观调控基础、全球经济的合作和治理能力都大大超过以往，关键是决策应对不能有大的失误，一定要有全局性和前瞻性思维，一定要发挥好宏观调控和市场机制两方面的重要作用，不可偏废。正确制定规划，可以实现政府与市场机制有效结合，这是我国社会主义制度优越性的重要体现。

当前总量政策只能依靠“放水”，只要不导致通胀，这是各国救急的必然选择，谁不放水谁就吃亏，这也是 1929 年“大萧条”的一条重要教训。前不久，莫干山研究院组织的视频研讨会“回首大萧条和罗斯福新政”，讨论过这个问题。但是货币财政政策只能治标，治本还需要结构调整和振兴产业，需要依靠产业政策、区域

---

* 作者系莫干山研究院院长，中国经济体制改革研究会副会长。

政策引导，恢复生产流通和释放经济增长潜力。制定规划不仅能够确定未来发展振兴的目标，而且也是协调平衡政策，落实未来主要投资的项目。

2009 年年初，为了应对国际金融危机，中国曾经出台十大产业振兴规划，对此应该给予积极肯定，对于中国发展和世界经济危机后的恢复，不可否认都起到了重要作用。不足之处在于，当时对城乡融合发展的重视不够，低水平的重复建设比较多，支持衔接的财政货币政策精确度也不够。而且，当年的十大振兴规划主要是针对传统制造业领域的，其中有九个规划是制造业，只有第十个是物流业。对所谓“四万亿”元投资的作用也应该从上述两方面看。记得当时国务院要求国家发展改革委迅速牵头制定十大产业振兴规划，在 2009 年春节前后大约一个月时间，很快就编制出台九项规划，对扩大投资消费、降低企业负担和振兴经济起到了较好的引导作用。

我在参加 2020 年 2 月 29 日丝路产业与金融国际联盟举办的研讨会上，曾提出应该研究制定一揽子经济恢复振兴计划，协调财政货币扶持政策和引导社会投资的资金流向，并且注入深化供给侧改革的内容，弥补国民经济和社会发展的薄弱环节，同时也可以与正在编制明年开始实施的“十四五”规划相衔接，因为“十三五”原来制定的专项规划也基本上到 2020 年结束，以往都是先出台五年计划再制定专项规划，实际上专项规划是中长期规划的基础，根据当前形势需要，可以提前编制专项规划，五年规划出来后再进一步调整。

当前需要制定哪些专项规划？我认为重点是以下五个方面。

一是制定发展“新基建”和完善基础设施专项规划。中央确定当前扩大投资要以“新基建”为引领，但是社会上对“新基建”的认识一致，我认为可以有狭义“新基建”和广义“新基建”之分，狭义“新基建”应该是与互联网技术应用或数字经济密切相关的，像 5G 的应用等。广义“新基建”则应该把需要发展完善的基础设施投资都包括，即弥补现有基建的短板，如现在出台的支持“新基建”的政策就把城际交通也包括了。我主张制定广义的基建投资专项规划，实际上也是基础设施补短板和升级的专项规划，这样对带动内需的作用就很大了。

二是制定钢铁、煤炭、汽车、化工等制造业保护和调整专项规划。这次疫情对制造业的影响不亚于服务业，而且这些行业的供应链已经全球化了，面对疫情在全球的蔓延有可能影响更大。近年来的“三去一降一补”政策取得很大成绩，去杠杆、去库存等在 2019 年已经基本调整到位，但也存在依靠行政手段难免过于急迫的问题。关键和难点都在于“补”没有到位，补短板大大滞后，需要通过制定专项振兴计划来弥补，同时特别要注意在全球供应链受损失情况下的产业保护问题。

三是制定服务业振兴发展专项规划。包括生产性服务业和非生产性服务业，或者更倾向叫传统服务业和现代服务业。传统服务业大多数是中小微企业和民营经济，与就业最密切相关，也是当前保就业的重点。现代服务业包括交通物流、金融保险业等，前者主要需要保护和发展，后者更重要的是与数字经济发展对接和调整升级。经过这次疫情冲击，大家对公共卫生安全和健康保障体系都更加重视，要大力扶持社区和家庭保健服务业的发展，健全养老保障体系。

四是制定振兴建筑业和房地产业的规划。应该肯定建筑业和房地产业是国民经济的支柱产业，也要坚决贯彻“房子是用来住的、不是用来炒的”。要纠正近年来的两个政策误区，一是鼓励发展特色小城镇建设，但是不应该一律要求建设特色小镇与产业发展项目配套，发展小城镇应该主要是分流大城市过于密集人口、解决大城市宜居住所和美化乡村建设，这也是发达国家城市化走过的共同道路，欧美国家大多数人都居住在城市周边 50 公里的小城镇或乡村；二是加快解决小产权房的市场化问题。本来小产权房就是农民私人所有的宅基地，随着城乡经济的发展，应该允许市场化交易，这个问题争论了多年，近年来反而政策退步了。我认为应该分步骤先解决人口密集的大城市周边的小产权房存量问题，在试点的城市（放权省级政府）确认规范以前的小产权交易后，可以补征交易税和市场差价，这样可以“一举三得”——农民增收扩大消费、地方财政增税减轻债务、购买者（现在的住户）确权后则会增加城市对新农村的投资。据前几年测算小产权房（已经出售）存量就有8000万平方米，如果能够分三年解决，再扩大到增量，每年农民和地方政府增收都是一个可观的数量。建议在试点的基础上“十四五”期间出台新政策或立法规范后推广，这也可以加速乡村振兴。

五是制定海外产业投资保护和发展专项规划。要研究疫情冲击对中国海外投资的严重影响，抓紧制定保护措施和扶持政策，量力而行。要稳步推进“一带一路”建设，明确只有列入双边或多边政府以及国际组织合作协议的项目才能被确认为“一带一路”建设项目，并且这些项目除了少数要依靠中国政府援助，绝大多数应该主要依靠开发性金融（包括主权财富基金、政策性银行和丝路基金以及中国牵头成立的国际金融合作机构等）牵头融资或与第三国（机构）共同投资。要树立中国作为负责任大国的形象，贯彻全球命运共同体理念，尽可能提供更多更好的全球公共产品，包括公共卫生、文化教育等投资项目，也应该尽可能与经济类项目结合在一起打捆投融资。

以上专项规划应该与2021年出台的“十四五”经济社会发展规划相衔接，但是执行期限不一定都要确定为5年，可以根据需要，实事求是选择分为3年、5年，甚至8年或10年，每2—3年滚动调整。

肆

如何推动公共卫生体系治理变革？

2020 年年初暴发的新冠肺炎疫情，暴露出我国在重大疫情防控体制机制、公共卫生应急管理体系等方面存在的明显短板。近年来，我国在公共卫生体系重构等方面取得了重要进展，但从实践看仍然存在某些结构性、制度性的缺陷。以人民健康至上的理念推进以疾控为重点的公共卫生体系变革，成为我国经济社会发展与全面深化改革的重大任务之一。

一　以人民健康为中心推进公共卫生体系变革

宋晓梧：进一步做好公共卫生服务体系建设

迟福林：以人民健康为中心推进公共卫生体系变革

傅　卫：人民健康至上——关于抗击疫情中的若干重大问题

迟福林：人民健康至上的治理理念

张占斌：抓紧补齐公共卫生体系建设的短板

进一步做好公共卫生服务体系建设

宋晓梧*

从目前的情况看，抗疫的全国形势逐步向好，新增确诊病例持续下降，很多省市确诊病例零增长，取得了很大的成绩。

2003 年 SARS 危机是一个重大公共卫生事件，此后公共卫生体系建设取得的成绩应当充分肯定，在防范和抵御 2009 年的 H1N1 和 2013 年的 H7N9 等甲流及禽流感方面都取得了显著成绩。目前，我国医疗服务和公共卫生服务体系建设总体上优于中高收入国家的平均水平，这与我国居民人均健康寿命和公共卫生医疗服务是直接相关的，部分指标达到了高收入国家的水平。

但是也要看到，这次新冠肺炎疫情暴露出我国公共卫生和医疗服务体系的一些短板，有的可以说是漏洞。有几点可以总结思考。

第一，在公共卫生体系建设方面，专业人员短缺的问题在这次事件中暴露出来了。据全国的统计数据，疾控机构的卫生人员占全国卫生人员的比重，从 2009 年的 2.53% 下降到目前的 1.53%。期间我们提出了“实施健康中国战略”，明确预防为主的公共卫生指导思想。但从实际情况看，还缺乏相应的落实机制，还有很多短板要补上。

第二，2003 年“非典”疫情之后，国家花重资，投入大量人力、物力建立了法定传染病网络直报系统。据媒体报道，这个系统在防止

---

* 作者系中国经济体制改革研究会原会长。

几次甲流扩散方面，发挥了积极的作用，但在这次新冠肺炎疫情暴发初期，却没有很好地发挥作用。这个教训需要实事求是地认真总结。当然，我们认识到问题以后，全党动员，军民团结，全国一盘棋，支持武汉和湖北，并采取了果断“封城”措施，战疫取得明显进展。这场疫情给国家经济社会造成的损失至今还难以估算。这与传染病网上直报系统没有发挥应有的作用直接相关。

第三，最先发现传染病的肯定是患者和医生，怎么使社会舆情和正规渠道的疫情发布有机结合起来，是一个需要探讨的大问题。虽然不能随意自行发布疫情信息引起社会恐慌，但是有人发现了疫情，也要正确合理对待来自一线的信息。如何处理疫情的上报、处理一线医生以及一般民众对疫情的反应，这也是公共卫生体系建设中需要正视和研究的重大问题。

这里，我想提一点，也可以说是重申 17 年前在抗击 SARS 疫情时我向国务院有关领导提出的建议，即建设公共卫生系统和医疗机构改革要协调发展、同步进行。

一是公共卫生系统在很大程度上是以医疗机构为载体。例如，公共卫生系统中的医疗救治，包括传染病专科医院、综合医院传染病区、专科防治机构、医院的急诊科、院前急救的机构和职业中毒以及核辐射的救治机构等，大部分都和医院有关，并与医院联系密切。所以公共卫生系统的建设，离不开医疗卫生体制改革和公共卫生事业发展。

二是公共卫生体系与医疗服务体系，这两个体系之间工作岗位的互换性、替代性很强，医护人员在这两个体系之间的流动性非常大。如果这两个体系间的体制衔接不顺，运行机制不协调，例如同等级医护人员的收入分配差距过大，就会造成医护人员的不合理流动。这次疫情发生后，有一些文章反映，这类情况的确存在，也是近年来公共卫生防疫部门人员流失的重要原因之一。因此，实际工作中不能够脱离医疗机构的改革单独推进公共卫生体系建设，两者必须统筹协调推进。

此外，我想谈谈有关非公医疗机构在这次抗疫中发挥作用的问题。最近看到了好几篇文章，说这次抗疫充分体现了公共医疗机构的力量，还有公共卫生系统的力量。而民营的、社会办的医院几乎没起什么作用。有的文章观点比较绝对，说这次战疫说明，所有的医院都应由国家来办。其实这种论点很早就有，现在有些人借这次防疫，进一步论证所有的医疗机构都应由国家统办、统管。我认为，这样指责社会办医不符合事实，而且理论上也有问题。在这次战疫中，许多非公医疗机构是踊跃请战，积极抗疫。在国家发展改革委于 2020 年 3 月 2 日在官网上发布了一篇《行业协会商会在行动：中国非公医疗机构协会组织全行业投身疫情防控阻击战》，指出非公医疗机构协会以高度使命感和责任心，全力动员社会办医疗机构投身疫情防控。仅截至 2 月 27 日的统计，全国有 593 家非公医疗机构参与抗疫，累计收治确诊病例 2111 人，疑似病例 1627 人，治愈出院 1112 人，并且派出了 244 个医疗队伍共 3860 多名医护人员，还捐赠了大量的医疗防护物资。

然而我们也要看到，非公医疗机构在这次抗疫中发挥的作用和公立医疗机构相比差距很大。原因之一是目前我国大多数社会办的医疗机构多集中在专科，眼科、牙科、骨科、生殖科等，很少有呼吸科，综合医院很少。现在基本没有民营办的传染病医院，因为传染病与公共卫生联系得很密切。所以，在公共卫生的应急事件发生时，民营医院的医护人员素质以及医疗设备条件与公立医疗机构相比，客观上就有很大差距。

我认为，不能用公共卫生应急事件时的特殊措施衡量正常情况下的医疗服务提供方式。公共卫生服务体系与医疗服务体系两者有密切的联系，但也有重大区别。公共卫生防疫在世界各国都是政府的责任。在公共卫生方面发挥政府责无旁贷的作用，并不是否定在向居民提供日常医疗服务方面发挥非公医疗机构的作用。不能以公共卫生应急状态下的情况否定社会办医，正如我们不能用战争状态下的经济社会特殊运行体制取代正常的社会经济体制。

以人民健康为中心推进公共卫生体系变革

迟福林*

2020年年初暴发的新冠肺炎疫情，暴露出我国在重大疫情防控体制机制、公共卫生应急管理体系等方面存在的明显短板。近年来，我国在公共卫生体系重构等方面取得了重要进展，但从实践看仍然存在某些结构性、制度性的缺陷。以人民健康至上的理念推进以疾控为重点的公共卫生体系变革，成为我国经济社会发展与全面深化改革的重大任务之一。

一　推进以人民健康为中心的公共卫生体系变革

当前，客观判断我国公共卫生体系建设面临着的突出矛盾，需要推进以人民健康为中心的公共卫生体系变革，这是我国走向现代化进程中亟须解决的重大课题。

首先，我国已初步建立覆盖城乡的公共卫生体系。自中华人民共和国成立至20世纪70年代末，我国初步建立覆盖县乡村三级医疗预防保健网的公共卫生体系。SARS危机后，我国加大对公共卫生体系

* 作者系中国（海南）改革发展研究院院长。

建设的投入。党的十八大以来，随着“健康中国”目标的提出和实施，我国公共卫生体系开始从“以治病为中心”向“以人民健康为中心”转变。经过多年努力，我国建立起以疾控体系为龙头，以公共卫生监管部门、专业公共卫生机构、承担医防整合法定责任的医疗服务机构为主体，覆盖城乡的公共卫生体系。

其次，公共卫生体系仍面临着某些结构性、制度性的突出矛盾。一是我国公共卫生应急管理体系仍然比较薄弱。从抗击新冠肺炎疫情的情况看，现有公共卫生体系对突发公共卫生危机事件的预警能力、应对能力存在短板；二是公共卫生管理体制和运行机制不到位。例如，公共卫生管理碎片化、资源分散化的矛盾比较突出；三是“重医轻卫”“重医轻防”的矛盾还比较突出；四是公共卫生法律体系不健全。

最后，以人民健康为中心推进公共卫生体系变革。第一，以“健康中国2030”为目标全面提升我国公共卫生体系的水平和质量。在广大社会成员的卫生健康需求全面快速增长的时代背景下，建设公共卫生体系、扩大公共卫生基础设施建设、提高公共卫生发展水平仍有巨大空间。第二，理顺公共卫生体制，以体制创新提升公共卫生体系的效能。例如，整合各种公共卫生议事协调机构，设立自上而下的政府公共卫生委员会，理顺各级政府公共卫生职责；建立健全公共卫生经费财政保障制度；深化专业公共卫生机构改革等。第三，深化公共卫生体系变革。着力解决公共卫生、尤其是重大疫情防控的体制机制缺陷；着力深化公共卫生体系、公立医院等方面的改革；着力加大公共卫生领域的政府投资，提升公共卫生领域的供给质量。第四，充分发挥中医药在公共体系建设中的独特优势。把发展中医药作为国家公共卫生体系建设的重要任务，使中医药在“健康中国”建设中发挥重要作用。

二 以统一、高效为目标加快推进疾控体系变革

目前，我国初步建立了疾控机构、医院、基层医疗卫生机构分工协作、上下联动的重大疾病防、治、管服务体系，但结构不合理、体制机制不健全的矛盾仍然比较突出。从这次抗击新冠肺炎疫情的实践来看，加快推进疾控体系变革，成为我国改革完善公共卫生体系的核心任务。

（1）建立自上而下的疾控体系。我国于 2002 年组建成立中国疾病预防控制中心（CDC）。随后，全国省级、市级和县级疾控中心相继成立。2003 年后，各级政府进一步强化突发公共卫生事件应急管理体系、疾病预防控制体系和卫生执法监督体系建设。目前，我国初步建成了以“国家—省—市—县”四级疾控中心为基础的疾病预防控制网络。

（2）疾病预防控制体系结构不合理、体制机制不健全的矛盾突出。一是各级疾控中心难以有效发挥疾病防控作用。作为公益性事业单位，疾控中心开展在具有行政行为特征的疾控工作时，尤其是面对新冠肺炎疫情这样的重大公共卫生事件时，难以有效发挥其应当发挥的重要作用。二是缺乏有效运行的财力保障。三是人力资源总量普遍不足、结构不合理。例如，2018 年我国疾控人员只有 18.8 万人，而且人员还在不断流失，与 2017 年相比净减少了 0.3 万人。①

（3）建立统一、高效的疾控体系。第一，确立并强化疾控体系作为政府履行基本公共服务责任主体的重要地位。把疾病预防控制明确为政府优先保障的基本公共服务，把疾控工作明确为行政行为，重

---

① 国家卫生健康委：《2018 年我国卫生健康事业发展统计公报》，2019 年 5 月 22 日。

新界定各级疾控中心的机构性质。第二，健全公共卫生应急管理体系。例如，改革和完善疫情预警信息发布机制，不断提高突发事件的应对能力。第三，创新疾控体系运行机制。完善重大疫情防控体制机制，建立多部门联合协作的疾病防控工作模式。第四，健全疾控体系的财政投入保障机制。第五，实施疾控体系特殊的人才政策。例如，加大疾控专业技术人员比例，建立有别于一般行政单位公务员和事业单位的薪酬制度等，充分调动广大疾控专业技术人员的积极性、主动性和创造性。

三　以公益性、专业性为导向深化公立医院改革

面对抗击新冠肺炎疫情的严峻考验，“白衣战士”展现了救死扶伤、医者仁心的崇高精神。公立医院是我国公共卫生与基本医疗的中坚力量，是实现“健康中国2030”目标重要的专业技术主体。为此，强化公立医院在公共卫生中的重要职责，以公益性、专业性为导向深化公立医院改革至关重要。

（1）公立医院改革在强化基本医疗卫生服务上取得重要进展。改革开放后，我国公立医院历经多轮改革。党的十八大以来，公立医院改革与基层医疗卫生体制改革、医药体制改革和医疗保险保障制度改革有机衔接，健全城乡医疗基本保障，取消药品加成等制度，实施进口抗癌药零关税等政策，公立医院在强化基本医疗服务供给上取得突破性进展并发挥了重要作用。此外，除了保障基本医疗服务外，公立医院还承担着突发公共卫生应急、传染病防治等公共卫生职责。

（2）公立医院履行公共卫生职责面临着制度性瓶颈。一是公立医院履行公共卫生法定职责的补偿机制不健全。政府对公立医院的补偿机制，更多地倾向于医疗服务，而公立医院履行公共卫生职能的补

偿机制相对不到位。二是公立医院的公益性和专业性的制度保障不足。例如，在一定时期内，有的公立医院片面强调创收目标，公益性、专业性在一定程度上受到影响。三是基本医疗与公共卫生脱节。例如，公立医院临床医学与公共卫生两个体系各自发展而难以有效结合，医疗机构与专业公共卫生机构之间缺乏有效的协调联动机制。

(3) 以强化公益性、专业性为导向深化公立医院改革。第一，强化公立医院的公共卫生职能。例如，明确公共卫生与临床医疗的同等地位，完善公共卫生科室，加大公共卫生资源投入，强化公立医院的公共卫生职能。第二，将公共卫生事件应急作为公立医院重要的公共卫生职能。例如，公立医院要建立健全突发公共卫生事件应急响应机制，制定配套应急预案，定期模拟演练，并对医护人员进行专项培训，以提高全员应急意识和应急能力。第三，完善对公立医院履行公共卫生职能的补偿机制。建立健全财政补偿机制，确定补偿标准及补偿方式，制定完善的补偿政策；完善各级医院公共卫生服务专项评价考核机制，由第三方进行绩效评估，考核结果与财政补偿标准挂钩。第四，以专业化为导向加快优化公立医院治理结构。例如，以专业化为导向改革公立医院绩效管理制度，明确把专业性作为医护人员绩效考核的主要硬约束指标。

四　加大公共卫生投入，提高公共卫生领域供给质量

从抗击新冠肺炎疫情的实践看，我国公共卫生体系的重要短板之一，是公共卫生领域的投入远不适应实际需求。尽管 2003 年 SARS 危机后我国增大了公共卫生投入，但投入不足、结构不合理的矛盾仍然比较突出。建设现代化的公共卫生体系，仍需要大幅增加公共卫生财政投入，进一步加快公共卫生基础设施建设，由此提高公共卫生领

域的供给质量。

一是政府公共卫生投入与实现“健康中国”目标仍有较大差距。第一，2001—2018 年，我国医疗卫生总费用从 2001 年的 5025.93 亿元增长至 2018 年的 59121.90 亿元，年复合增长率达 15.60%。[①] 第二，医疗卫生总费用占 GDP 的比重有较大提升，由 2001 年的 4.53% 增长到 2018 年的 6.57%。[②] 第三，政府卫生支出加大，个人卫生支出占比明显下降。目前的突出问题是，一方面我国卫生筹资总体水平偏低。2018 年，我国卫生总费用占 GDP 的百分比为 6.57%，但仍低于世界平均水平。[③] 另一方面卫生经费的支出结构不合理。以 2013 年为例，我国政府卫生支出中有 65.19% 用于疾病治疗，用于疾病预防的仅占 14.59%，而直接用于重点疾病预防控制的经费，仅占当年政府卫生投入总额的 7.91%。[④] 此外，专业公共卫生机构获得的经费支持比重偏低。2018 年，我国专业公共卫生机构获得的财政补助收入为 1243 亿元，基层卫生医疗机构获得的财政补贴收入为 1977 亿元，分别约占医疗卫生机构财政补助收入（6065 亿元）的 21% 和 32.6%。[⑤]

二是适应“健康中国”的要求，要加大政府对公共卫生的投入。第一，加大卫生经费投入。通过扩大财政卫生经费支出等措施，争取到“十四五”末期，中国卫生总费用占 GDP 的比例达到 10% 左右；第二，扩大公共卫生领域的财政投入，保障疾控体系和基层公共卫生体系正常运转的资金支持；第三，公共卫生支出向农村和落后地区倾

---

① 国家统计局：《中国统计年鉴 2019》，中国统计出版社 2019 年版。

② 同上。

③ 同上。

④ 邓峰、吕菊红、高建民：《推进“健康中国”建设的主要策略分析》，《中国公共卫生管理》2016 年第 6 期。

⑤ 国家卫生健康委员会：《中国卫生健康统计年鉴 2019》，中国协和医科大学出版社 2019 年版。

斜。由此，缩小城乡和地区间基本公共卫生服务的差距，加快基本公共卫生服务均等化进程。

五 推进以人民健康至上的政府公共卫生职能转变

2003 年 SARS 危机以来，加快建设公共服务型政府成为多方面的共识，政府的公共卫生职能有所加强。但是，无论从此次抗击新冠肺炎疫情的情况看，还是从实施《“健康中国 2030”规划纲要》的要求看，公共卫生治理仍亟待加强。

比照“健康中国 2030”目标要求，政府的公共卫生职能还须继续加强。SARS 危机以来，我国政府公共卫生职能不断加强，一是扩大公共卫生投入；二是推动形成公共卫生体系；三是推动形成公共卫生多元筹资机制；四是推动建立公共卫生管理体制框架；五是初步形成了公共卫生法律法规体系。《“健康中国 2030”规划纲要》进一步提出，要把健康摆在优先发展的战略地位。此次抗击新冠肺炎疫情反映出政府履行公共卫生职能仍存在某些突出矛盾。一是难以适应全面快速增长的公共卫生需求。例如，突发公共卫生事件应急能力不强仍是突出短板。二是政府卫生支出占比仍然偏低。2018 年我国政府卫生支出占 GDP 比重仅约为 1.82%；个人现金卫生支出占卫生总费用的比重达 28.61%。[①] 三是尚未形成“大卫生、大健康”的公共卫生管理框架。例如，公共卫生领域的中央与地方关系尚未理顺，公共卫生服务均等化尚未实现；公共卫生各专业机构高度组织化、属地化，医疗机构承担公共卫生职能定位不明确，公共卫生机构、医疗机构分工协作机制不健全等。

---

① 国家统计局：《中国统计年鉴 2019》，中国统计出版社 2019 年版。

因此，应以“大卫生、大健康”为导向创新政府公共卫生管理体制。第一，强化“大卫生、大健康”公共卫生管理体制的顶层设计。适应全生命周期健康管理服务的要求，建立完善功能互补、协作密切、权责清晰的公共卫生管理体制。第二，实现政府履行公共卫生职责法定化。例如，以立法的形式明确界定政府公共卫生职能，确保政府履行公共卫生职能于法有据；明确公共卫生领域各级政府的法定支出责任，理顺公共卫生领域的中央与地方权责分工。第三，完善政府购买基本公共卫生服务的机制，充分发挥社会力量的作用。

当前，中国正处于迈向高质量发展的重要历史关口。实现高质量发展，要以人民健康至上为前提；实施“健康中国 2030”战略，更要把以疾病防控体系为重点的公共卫生体系变革摆在突出位置。在努力打赢抗击新冠肺炎疫情攻坚战的同时，更应总结经验教训，从长计议，将公共卫生体系变革纳入国家“十四五”发展规划纲要，以更大的决心和魄力化解公共卫生治理中的顽瘴痼疾。由此，在疫情防控的治理体系和治理能力大考中加快改革完善公共卫生体系，加快改革完善国家重大疫情防控体制机制，加快改革完善国家公共卫生应急管理体系。

人民健康至上

——关于抗击疫情中的若干重大问题

傅　卫*

这次新冠肺炎疫情是中华人民共和国成立以来，在我国发生的传播速度最快、感染范围最广、防控难度最大的一次重大突发公共卫生事件，引发全社会对人民健康和公共卫生工作的关注和反思。结合新冠疫情防控工作，谈七点想法。

一　要做好经常性应对重大传染病等公共卫生挑战的准备

一是传染病等突发公共卫生事件危害极大。我国依然存在传染性疾病与慢性非传染性疾病并存的双重风险。慢性病目前是影响健康的主要疾病，但是传染病带来的重大疫情不但严重危害人民群众生命安全和身体健康，而且会严重影响经济社会发展稳定、对外开放和国家安全，其冲击力和危害性巨大。

二是传染病等重大疫情风险从未远去。近 30 年来，全球出现新发传染病 40 多种，并以每年新发 1 种的态势发展，传播范围广、传播速度快、社会危害大，成为全球公共卫生的重点和难点领域。防治

* 作者系国家卫健委卫生发展研究中心党委书记、主任。

形势复杂，防控难度增大。有输入性、内生性新发传染病、已经得到控制或消除的再流行风险，还有一些其他的群体健康损害和生物安全事件也不容忽视，如药品、食品、疫苗、血液制品的污染等。

因此，需要系统性地总结经验、吸取教训，创新和完善重大疫情防控体制机制，健全国家公共卫生应急管理体系，提高应对突发重大公共卫生事件的能力水平。

二　要从国家战略的高度提升对公共卫生安全的重视

要以国家总体安全观为引领，把公共卫生安全作为国家安全体系的重要内容，把重大疫情防控作为国家防范化解重大风险的重要任务，把公共卫生应急管理能力作为国家治理体系和治理能力的重要组成部分。

应围绕公共卫生安全，全面加强和完善公共卫生领域相关法律法规建设。认真评估《传染病防治法》《野生动物保护法》《突发公共卫生事件应急条例》等法律法规的修订完善，强化配套制度建设，完善处罚程序；研究出台国家卫生安全法和国家卫生安全战略；在国家安全委员会中建立卫生安全相关的议事协调机制，将疫情防控中的政府部门协作、军民融合、举国动员、战备状态的做法，转化为卫生安全治理体系的相应制度和机制。

三　坚持预防为主，改革完善疾病预防控制体系

2009 年启动新医改至今历经 10 余年，在四大体系建设中，公共卫生服务体系改革发展滞后。此次疫情防控也暴露出了疾病预防控制

体系存在的一些问题，如传染病监测预警能力、流行病学调查能力不足，部分地区基层防治机构基础设施（实验室检测能力、高安全等级医学研究实验室）建设滞后，公共卫生投入不足、人才流失比较严重等。

加强疾控体系改革建设和发展是重要的任务，要加强整体设计，坚持底线思维、有备无患，全面推进疾控体系现代化。一是加强疾病预防控制机构建设，改善基础设施条件和实验室能力，强化检验检测关键技术能力储备和研发；二是完善各级疾控机构的不同功能定位，加强传染病防控标准规范制定、实验室监测、健康管理、慢性病防控干预措施的制定和对医疗机构、基层人员的培训、质控、指导等；三是加强公共卫生人才培养。医学教育中公共卫生理论与实践存在分割，临床医学和预防医学交叉不够，应建立公卫医师队伍，提高临床医学技能。改革薪酬分配和激励政策；四是建立稳定的投入保障机制和灵活的运行机制。

四 突出“平战结合”，加强重大疫情救治体系

健全优化重大疫情救治体系，是提高收治率和治愈率，降低感染率、病死率的基础，是成功战胜重大疫情的关键。重大疫情救治体系建设应该统筹考虑平时和突发重大疫情时的双重需要，结合常规资源和储备力量的考虑，在区域医疗卫生规划中完善公共卫生临床中心、传染病医院的区域布局和床位规模；依托区域内综合能力强的公立综合医院，提高建设标准，做好流程设计，预留传染病诊区和可改造的基础条件；适度预留应急场地，加强应急储备和日常防控演练，建设重大疫情防控救治基地。加强院前急救体系建设，完善急救车辆（包括负压救护车）配备。

五 基层为重点，充分发挥基层机构和家庭医生守门人作用

基层在预检分诊早期发现病人、重点人员排查、居家隔离管理、防疫技术指导、患者康复复诊、健康咨询管理、社区网格化管理等方面，都有着重要的作用。但在此次疫情应对中作用发挥很不平衡，仍然需要大力加强。

一是要加强基层预检分诊、发热门诊等场所标准化建设，同时加强社区康复、健康管理等功能区域的建设，要加强应急防护物资储备，如应急药品、防护用品，以及必要的救治设备等。提高传染病防控能力，推动合理的分层、分流救治。

二是要强化分级诊疗制度建设，做实家庭医生签约服务，压实对签约对象健康状况及其危险因素动态掌握、及时上报等责任；推进以医联体、专科联盟、医院集团等为主的纵向整合，实现设备与技术共用共享，强化分工协作机制，探索医防融合的有效模式和途径。

三是要持续加强基层信息化建设和整合应用，发挥居民健康档案的基础性作用，充分利用人工智能、信息技术工具等手段，开展网格化管理、健康宣教、健康监测和跟踪服务、随访服务、传染风险评估等。

四是加强健康社区、健康乡村建设。这次新冠肺炎疫情防控的“人民战争”中，社区卫生机构、社区工作者、小区保安、家庭等在控制疫情的社区扩散中发挥了重要作用。要强化群防群控机制，要将基层卫生健康服务与社区公共服务和社区治理工作密切结合，协同开展环境卫生整治，建设健康环境，教育引导居民养成健康生活方式，加强自我健康管理，实现共建共治共享的社会氛围。

六 加强重大突发公共卫生事件的监测预警

这次对疫情监测、预警的发布，也暴露出一定的问题。由于现有传染病监测报告系统主要监测的是确诊的传染病诊断而非早期临床症状和表现，在对重大感染性疾病的预警上存在滞后性。要解决这一问题，一是打通并整合现有传染病报告、医疗机构内感染、耐药菌与抗菌药物使用，以及药品、疫苗、食品和实验室生物安全等监测系统功能，建立满足“症状监测”要求的监测预警系统，及时发现对疫情发生、流行具有重要预警意义的信息；二是强化各级各类医疗机构、疾控机构传染病监测预警能力，健全网络直报、舆情监测、医疗卫生人员报告、科研发现报告等多渠道疫情监测和快速反应体系，实现重大疫情风险监测预警信息数据共享，口径一致；三是加强大数据的联通整合、挖掘分析和评估使用，健全突发公共卫生事件风险评估和预警制度，努力实现突发公共卫生事件早发现、早报告、早处置；四是加强针对管理人员、专业人员和社会公众的重大疫情应对培训和演练，提升应对能力。

七 加强公共卫生服务体系与医疗服务体系高效协同

目前医疗机构和疾病预防控制机构紧密结合、连续服务、有效衔接的工作模式和工作机制尚待建立；科学研究、疾病控制、临床治疗协同性不够，数据共享及转化应用渠道不够通畅；专业公共卫生机构、基层医疗卫生机构和医院之间在业务、信息、人员等方面缺少联接协同，存在防、控、治分离的问题。必须加强疾病预防控制体系、重大疫情救治体系和常规的医疗服务体系的协同作用，打通全链条的防控救治环节。要建立医疗机构和疾病预防控制机构信息互通共享机制，提高重大公共卫生风险发现、报告、预警、响应、处置能力，完善公共卫生重大风险研判、评估、决策、防控协同机制。要完善体制机制，加强资源统筹调配与业务协同。统筹基本医疗保险基金和公共卫生服务资金使用，完善突发重特大疫情防控规范和应急救治管理办法，健全防治结合、联防联控、群防群治工作机制，实现全链条的防控救治。

人民健康至上的治理理念

迟福林*

为什么说疫情防控是一次对我国治理体系与治理能力的大考？我的理解是，应对新冠肺炎疫情这类重大公共卫生事件，无论是从治理理念，还是从治理举措来看，都面临着多方面严峻挑战。我们有做得很好的一面，也有某些严重短板。

首先，2003 年 SARS 危机以来，我国在应对重大疫情的硬件系统建设方面有了明显提升。例如，建成全球最大、可“横向到边、纵向到底”、具备 72 小时内检测 300 余种病原体能力的传染病疫情和突发公共卫生事件网络直报系统，同时明确规定，无论是乡镇卫生院、还是北京的知名三甲医院，只要医生发现临床传染病例，都应在规定时限内将信息报告至医院传染病科，由专人填写传染病报告卡，录入信息上报，不需要层层审核，可网络直报。由此，有专家估计，我国不大可能再发生类似 SARS 的危机。实际情况是，新冠肺炎疫情发生并逐步蔓延。为什么？2004 年以后，各地建立了疾控机构，应当说从硬件建设、技术水平上都上了一个新台阶。但从实践看，我们应对公共危机的理念和疾病防控体系存在某些突出的矛盾。因此，十分有必要及时并不断总结经验、吸取教训。

其次，中央一再要求，把人民群众生命安全和身体健康放在第一

* 作者系中国（海南）改革发展研究院院长。

位。《健康中国行动（2019—2030 年）》明确提出，促进以治病为中心向以人民健康为中心转变。但在疫情发生初期，仍然存在官僚主义现象，对抗击疫情造成了影响。再如，基层抗疫中的“表格抗疫”等形式主义做法，消耗了基层干部的时间、精力。中央多次强调反对形式主义、官僚主义，但在面对人命关天的重大疫情中，形式主义、官僚主义仍然存在，不能不说在人民健康至上的治理理念以及应对重大疫情的体制机制、治理体系上还需要进一步加强和完善。

最后，如何以人民健康至上为最大原则改革完善应对公共卫生危机的体制机制？第一，完善实施健康中国战略的制度保障。2019 年，我国出台《健康中国行动（2019—2030 年）》，其中关于疾病预防体系部分篇幅不多，缺乏对于传染病重大疫情防控的系统性设计。应该总结此次疫情的经验教训，以确立国家公共卫生安全战略、提升公共卫生体系的战略定位为重点，对健康中国行动的规划做出修改，把公共卫生安全战略、疾控体系改革、“平战结合”等战略安排等纳入到健康中国行动的规划中。第二，改革完善疾病预防控制体系。疾控体系是关乎国家安全战略的一个重大问题，疾控机构不应该仅成为以科学研究、监测评价、技术培训、咨询建议等为主要职责的科研机构、监测机构，而更应该成为保障公共卫生安全的“警察局”。在公共卫生危机突发和扩散时，能够迅速了解信息、检测、上报并果断采取措施。改革完善疾病预防控制体系和重大疫情防控救治体系，突出疾控中心在疾病预防控制和突发公共卫生事件中重要作用，已成为治理体系和治理能力现代化面临的重大任务之一。第三，组建以“白衣战士”为主体的公共卫生应急队伍。目前，公共卫生领域的队伍建设不完善、人才流失严重。2020 年是“十四五”规划谋篇布局之年，建议按照“平战结合”的安排，从财政投入、基础设施建设、人才队伍、教育培训等多个方面，把以完善基本公共卫生队伍建设为重点应对公共卫生危机作为“十四五”规划的重大课题。

建议把“1·23”作为我国抗击新冠肺炎疫情的纪念日，以使全社会和历史不要忘记在公共卫生危机中立过功勋的人们和在疫情中逝去的人们，凝聚公众对于人民健康至上的广泛共识和持久支持。

抓紧补齐公共卫生体系建设的短板

张占斌*

这次新冠肺炎疫情，是中华人民共和国成立以来在我国发生的传播速度最快、感染范围最广、防控难度最大的一次重大突发公共卫生事件，给人民群众生命健康带来伤害和威胁，给国民经济、社会秩序造成严重冲击和影响。在 2003 年“非典”发生 17 年后，中国再次发生类似疫情，而且影响更大、损失更重，深刻反映出中国公共卫生体系建设的短板始终没有补好，成为影响中国经济社会发展、人民群众生命健康安全的痛点。痛定思痛，我们要认真落实习近平总书记的重要讲话精神，总结经验、吸取教训，抓紧补齐公共卫生体系短板，筑牢人民群众生命健康安全防线。

一　中国公共卫生体系面临的主要问题

2003 年“非典”以后，中国花巨资建立了疾病预防控制体系和全球最大的、纵向到底（乡级以上）、横向到边（所有卫生机构）的传染病疫情和突发公共卫生事件网络直报系统。但在这次疫情防控中，公共卫生防控体系的发声和作用并不理想。这说明在经历“非典”重创之后，中国公共卫生体系依然存在很多问题，短板严重，

* 作者系中央党校（国家行政学院）马克思主义学院院长。

防控大疫的能力不足。

一是重大疫情的防控机制存在问题。这里的关键问题，是体制机制问题。这次疫情暴露了我们这个研判体制、预警体制、决策体制仍然存在漏洞和短板。从防御重大公共卫生疫情这方面看，我们的治理体系和治理能力还要进一步改革完善。

二是顶层设计不具体难落地。公共卫生领域长期缺乏一部明确职能职责、权力等界定的《公共卫生法》，现有法律法规如《传染病防治法》《突发事件应对法》《野生动物保护法》《突发公共卫生事件应急条例》等赋权仍难以适应实际工作要求。应当说《“健康中国2030”规划纲要》提出的“预防为主、防治结合、关口前移、促进资源下沉”为我国公共卫生体系整体建设提供了思路，但怎么落实?目前还缺乏专门的总体规划顶层设计。由于条块分割，各级政府对辖区内公共卫生资源统筹、体系建设、条件保障等工作重视不一、效果各异。各医疗机构承担公共卫生职能定位不明确，医防体系长期割裂，公共卫生机构、医疗机构分工协作机制不健全。

三是重治轻防的观念尚未扭转。长期以来，我国医疗卫生领域存在着重治轻防的倾向，重视医院治疗，轻视疾病预防。再加上经济利益驱动的影响，社会上存在着对公共卫生只花钱不产生直接经济收益的片面认识，在实际工作中不重视公共卫生体系建设，很多地方的疾控系统被严重忽视或边缘化，有些地方把疾控部门并入卫健委的其他处室，影响了中国的疾病控制工作。

四是基础服务设施和网络薄弱。“非典”后我国斥巨资建立了比较完备的疾病预防控制体系，但资金多用于机构建设，对软硬件投入较少，地方特别是基层公共卫生服务机构基础差、底子薄、能力低的状况长期存在。更严重的是，兜底的“三级医疗预防保健网”基本上不复存在，取而代之的是“三级医疗卫生服务网”，淡化了其预防保健职能。

五是经费投入不足。公共卫生系统资金来源单一，主要是财政投入。近些年，财政预算经费还在下降，2014 年，国家公共卫生专项任务经费的项目拨款为 5. 29 亿元，到 2019 年，这笔预算下降到 4. 5 亿元，同比下降 14. 9% 。各地区间公共卫生的投入也不均衡，城乡之间差距不小，多数地区投入有限。根据 2019 年国家卫健委公开的预算，全年投入到公共卫生宣传的拨款仅有 700 万元，这对于我们这样一个人口大国来说，很难想象能起到什么样的宣传效果。

六是人才队伍流失严重。统计表明，我国疾控人员数、疾控人员占医疗卫生人员比重、每万人疾控人员数等均处于持续下滑状态，全国疾控队伍规模缺口巨大。此外，近几年公益一类改革后，公共卫生机构人员收入普遍下降，再加上评职称等发展空间受限，人才流失严重。据统计，近 3 年来仅国家疾控中心流失的中青年骨干估计有百人之多。目前，我国国内疾控人员不到 19 万人，比“非典”时期下降 2 万多人，跌幅超过 10% 。从国际比较看，我国每万人疾控中心人数仅为 1. 35 人，低于中央编办规定的 1. 75 人核定值，更远低于美国的 9. 3 人和俄罗斯的 13. 8 人。

二　加强公共卫生体系建设的建议

恩格斯说：“没有哪一次巨大的历史灾难不是以历史的进步为补偿的。”抗击新冠肺炎疫情的经验教训表明，要提高我国公共卫生的治理能力和水平，就必须大力加强公共卫生体系建设，不断提高我国防控公共卫生突发事件的能力，尽可能把疫情消灭在萌芽中，从根本上杜绝重大疫情的发生，筑牢国民生命健康防线。

一是健全决策机制，提升治理能力。这次疫情是对我国政府决策、治理体系和能力的一次大考，我们一定要总结经验、吸取教训。健全决策机制，重点有两个方面：一方面是健全专家参与决策的决策机制，充分考虑专家和公众的意见。在面对不确定、未知新情况时，在处置重大的复杂性大、技术性强、群众关注度高的事件时，确实可能存在研判或决策失误的问题，但是一线群众或公众的判断可能是正确的。将来应该建立一套完备的制度和大数据监测，使专家们和一线群众或公众能多交流协商，应对不断变化的情况，做出正确决策。另一方面是健全依法决策机制，严格依法决策。把公众参与、专家论证、风险评估、合法性审查、集体讨论决定确定为重大行政决策法定程序，建立行政机关内部重大决策合法性审查机制，建立重大决策终身责任追究制度及责任倒查机制。

二是加强公共卫生体系顶层设计。坚持以保障和促进人民健康为出发点的指导思想，来指导和规划公共卫生体系建设，建议中央成立高规格的领导机构，统筹领导设计我国公共卫生体系建设工作，全国人大和全国政协可考虑设立专门的卫生健康委员会。明确我国公共卫生体系的定位、框架、组织机构等，加快制定公共卫生体系建设的发展战略，制定“公共卫生‘十四五’发展规划”，并结合我国建设现代化强国的目标时间节点，研究出台相应的“中国公共卫生 2035 规划纲要”和“中国公共卫生 2050 规划纲要”。整合公共卫生机构、医疗服务机构和科研机构的力量，建立全程管理、预防为主，“防治研”结合的预防控制机制。

三是强化公共卫生法治保障。要全面加强和完善公共卫生领域科学规范的法律法规建设，尽快研究出台公共卫生领域的母法《公共卫生法》，从法律的层面确立公共卫生体系的地位、作用、权限等。同时，结合此次疫情和国家长远发展需求，认真评估《传染病防治法》《野生动物保护法》等法律法规的修改完善。把生物安全纳入国家安全体系，尽快推动出台《生物安全法》，加快构建国家生物安全法律法规和制度保障体系。将公共卫生体系的建设目标和国民生命健康主要指标纳入各级政府的年度考核中，并加大国民生命健康相关指标在考核中的权重，倒逼各级政府不断提高公共卫生服务水平。

四是加大公共卫生基础设施投资。公共卫生系公共产品，具有非常明显的正外部性特征，国家财政要担负起更大的投入责任。这方面要算大账、不算小账，不仅算经济收益、当下收益，还要算社会收益、政治收益、长远收益，要体现党的初心和社会主义制度优越性。要加大对中小城市农村基层公共卫生设施服务网络的投入，促进公共卫生服务设施均等化布局。政府要加大药物研发资金等投入的力度，摆脱没有有效药物或者等待国外药物的困境。目前国内对公共卫生具有庞大的需求，以防为主、关口前移，加大公共卫生投资，提高公共卫生服务水平，既能防范各种传染病疫情，还可以满足大量的慢性病、养老等需求，改善人民健康水平，如此，也可以降低全社会的成本，节省大量资金投入。在加大财政投入的基础上，也要引导金融、社会资本等多方面资金的投入，通过产业链的关联作用带动经济增长。中央财政可发行公共卫生专项国债、公共卫生彩票等方式融资。也可适当增加地方政府公共卫生专项债券发行规模，并通过 PPP 等方式吸引社会资本参与。

五是加强公共卫生人才队伍建设。加快制定各级公共卫生人才发展规划和切实可行的人才培养计划，全国和地方卫健委领导干部的选拔要更加突出专业性，让专业的人干专业的事。建议建设一所国家重点的公共卫生与防疫大学，鼓励重点高校设立公共卫生学院，为国家培养高端的公共卫生与防疫人才，开展公共卫生领域的前沿研究工作。完善公共卫生服务人员激励机制，在薪酬待遇、科研经费、职称晋升等方面加大政策倾斜。要提高基层公共卫生服务人员的待遇，使基层能够吸引人、留住人，筑牢防控第一线防线。同时，吸引高端人才和学科带头人，建立人才合理流动机制，加强卫健部门干部的专业教育培训，加强农村卫生健康防疫队伍建设，提高公共卫生人才队伍整体素质。

六是加快公共卫生应急管理体系建设。要发挥党的集中统一领导和社会主义能够办大事的制度优势，提高国家应对突发重大公共卫生事件能力。坚决贯彻预防为主的工作方针，建立健全发现、处置、医疗救治及医疗物资、生活性物资保障等各环节的处理预案，完善突发重特大疫情防控规范和应急救治管理办法，特别要建立突发公共卫生事件的识别系统、预警系统，保证公共卫生安全的信息科学准确、透明规范和及时发布。健全优化重大疫情防控救治体系，建立健全分级、分层、分流的传染病等重大疫情防控救治机制。完善健全重特大疾病医疗保险和救助制度，建立市场力量和社会力量有序参与机制。加快健全统一的应急物资保障体系，优化重要应急物资生产保障和区域布局，科学调整储备的品类、规模、结构，补齐应急物资储备和供应不足的短板。加强公共卫生安全应急管理的教育培训，强化党政干部的底线思维和风险意识，提高应对复杂情况的能力和水平。

二　加快公共卫生应急管理体系和防控体系变革

薛　澜：加快公共卫生应急管理体系变革

葛延风：对完善公共卫生体系、强化传染病防控的几点思考

田雪原：坚守实事求是思想路线，深化医疗卫生体制改革

加快公共卫生应急管理体系变革

薛　澜*

我想先谈两个宏观背景方面的问题，然后聚焦在公共卫生应急管理体系。

第一，国家治理体系与治理能力。一是国家治理的体制性安排——政府、市场、社会的关系；二是治理体系内中央地方关系——各个横向不同领域之间的关系。这些关系对于应急管理体系至关重要。

第二，国家医药卫生体系。这个体系有一个全链条，从健康教育、公共卫生、疾病防控、临床医疗服务、疑难杂症的治疗到临终关怀等。我认为，2009 年以来的医改，很多供给侧的问题并没有真正的解决，目前我们的基本诊疗模式仍然是以到医院看病为主，是一个效率低下的落后模式。但是，这个模式在医改之后仍然在不断地加强。原来提到的以社区为主的分级诊疗模式没有实现。其背后的原因要深入的反思和考虑。这次武汉之所以引发大规模的交叉感染，与此有很大关系，值得进一步探讨。下面我集中从风险管理（事前）、应急管理（事中）、善后总结（事后）来谈公共卫生应急管理体系。

---

* 作者系作者系清华大学苏世民书院院长。

一 风险管理

风险管理最核心的是疾病控制体系。这个体系可以分成三块，即风险识别、风险研判和风险预警。

第一个步骤是风险识别。这次大家讨论比较多的是疾控直报体系。这次疫情中风险识别方面发挥了很大作用，当诊断到有不明原因的肺炎时是上报了，从它获取基层哨所医院信息来说，其实是起到作用的。

第二个步骤是风险研判。这个环节是有问题的，缺乏体制性的安排。可以说，前期的失误就是风险研判出了问题。因为任何不明原因的传染病，一开始尤其是不明原因或者是原来没有出现过的疾病，不能随便向社会发布。这个时候，确实需要有一个多学科各方面专家的机制进行研判，而这个研判应该是一个非常明确的体制性的、有责任的机制。从目前的情况看，我们没有这样的机制，我们有几个专家组，他们的作用只是咨询、建议，没有承担任何责任。我觉得传染性疾病这样重大的问题，专家机制十分关键。所以，风险研判要有体制性的安排。他们要在尽可能收集到各种材料的情况下做出研判，这个时候，如果谁有任何隐瞒相关信息是要承担法律责任的。这个专家组也要承担相应的责任。当他们做出研判以后，也许能够确定，也许无法给出定论，但必须把他们最好的判断提交给政府部门，由政府部门来决定下面的行动——是否要向社会发布预警。

第三个步骤是风险预警。武汉地方政府认为他们没有发布疫情的权力，应该由国家卫生行政部门发布。我国传染病法的确是这么规定的。但是，大家没有注意到的是，2007 年实施的《中华人民共和国突发事件应对法》上有一条，在突发事件可能性加大的情况下，地方行政部门是可以发布风险预警的。一些地方政府在台风来临的时候，往往就是这样发布的。但实际上除了台风之外，一般情况下地方政府没有真正发布过其他各种风险预警。

因此，风险管理的整个链条应该是，捕捉传染性疾病信号后，进行科学的研判，然后由地方政府确定应该采取什么措施，包括在必要的时候发出预警。

二 应急管理

2020 年 1 月 23 日武汉“封城”以后，武汉进入到应急管理的紧急阶段。封城之后到 2 月初确定“应收尽收、应查尽查、应治尽治”的政策之间，从各个方面了解的情况看，应急指挥是比较乱的，这里面有各种各样的原因，包括我国应急管理体系从 2018 年机构改革重大调整后，转型还没有到位，这个体系这次没有能够发挥更好的作用。那么，目前国家层面的实际指挥体系就是国务院联防联控机制，其还是有很大的不足之处。因为这次疫情的重点是武汉，应对疫情需要在武汉设立一个指挥部，坐镇武汉协调全国。联防联控机制是一个协调机制，不是一个指挥机制，所以前期很多的决策总是步步落后。其实突发性公共卫生预案对指挥体系都有设计，但是并没有真正按其执行。

三 善后学习

善后学习很重要的是总结经验教训。2003 年“非典”以后我们非常重视，也促进了应急管理体系的变革。2009 年应对甲流之后，当时卫生部委托我和曾光牵头对甲流防控做了一个系统的评估，对我国公共卫生突发事件应对体系存在的问题做了分析，也提出了建议。

现在大家指出的很多问题，当时那个评估已经指出来了，但可惜的是很多东西并没有完全得到真正落实。所以，我觉得我们事后怎么更好地总结经验教训并真正落到实处，这方面也有大量的经验教训需要汲取。

对完善公共卫生体系、强化传染病防控的几点思考

葛延凤*

关于公共卫生的问题，2003 年 SARS 危机后我们曾经做过反思。在我们的书里有一段话，大意是："公共卫生在很大程度上是其成功的牺牲品，由于没有任何依据被证实疾病被预防和流行被控制后的收益，因此，正常状态下，公共卫生被媒体和政府所忽视，他们认为不会出什么事。公共卫生一直被忽视，在发生重大灾难后，他们意识到应该加强公共卫生，但当疾病从记忆中衰退后，公共卫生又重新从脑海中消失。"

SARS 危机给我们敲响了警钟，此后一段时间里对公共卫生给予了高度重视。但不可否认，近年来公共卫生特别是重大传染病防控在一定程度上又被淡化了。此次新冠肺炎疫情再一次敲响了警钟，未来再也不能"好了伤疤忘了疼"。

第一，疾病模式并没有发生根本性变化，传染病压力依然巨大

近年来，无论是中国还是国际上，很多人都说疾病模式已经从传染性疾病转向慢性病，就是慢性非传染性疾病已经成为最主要的基本问题，大规模传染病压力已经不大。现在看来，这个判断仍然是有问题的。当然，随着技术进步，包括药物、疫苗以及支持性技术手段的

* 作者系国务院发展研究中心社会发展部部长。

不断发展，人类对于部分传染性疾病，特别是细菌类的传染性疾病以及一部分病毒引起的传染性疾病已经有了较好控制。但针对很多病毒类传染性疾病，还没有有效的防控手段。加上快速的城市化、经济全球化带来的生产生活方式变革及大规模人口聚集和流动，很多传染性疾病大暴发、大流行的风险依然非常大。此次新冠肺炎疫情就已经充分说明了问题。所以，对疾病模式的判断及卫生干预的重点选择仍然不能偏颇。

第二，应对传染性疾病必须强调几个基本原则

一是绝对不能"内紧外松"。传染性疾病和其他的公共事件不一样，信息越早公开、越全面公开越好，这样才能引起相关政府部门、医疗卫生系统、企事业单位以及公众的警觉，才能提前防范，这也是避免"谣言"的最好手段，所以绝对不能"内紧外松"。

二是要坚持底线思维。尤其是对于新发的传染病，因为它的影响到底有多大我们并不清楚，要坚持底线思维，做最坏打算，做最充分准备，不能有任何侥幸心理。

三是策略的选择一定要讲究科学性。针对不同类型公共卫生问题，特别是不同传染病问题，因为流行不一样，死亡率不一样，治疗的能力和应对手段不一样，对经济社会的影响也不一样，所以，策略选择一定要综合考虑各种因素，讲究科学防控。

新冠肺炎疫情在全球流行，但不同国家应对策略是有差异的，这跟各个国家的国情有很大关系。我国的控制疫情非常有效，但经济社会成本也很高。未来，也还需要对一些策略及各种具体防控措施进行梳理和客观评估。疫情暴发早期有明显应对不足问题，后来一些地方也有"应对过度"问题，我们需要重新反思和审视。传染病防控一定要强调专业主义精神。专业主义精神不仅要强调医疗卫生系统的专业性，也要充分考虑有关防控策略对经济社会的影响，并根据疾病发展特点及时调整应对策略。如果流行水平很高，死亡率又很高，确实涉及到所有人的生命安全，这个时候我们宁可停止其他一切活动，来保证人民生命健康。但如果流行水平比较高，死亡率相对有限，这个时候我们就需要综合考虑其他因素，平衡好疾病防控与经济社会运行的关系，适时进行策略调整。所以，一定要尊重科学，按客观规律办事。

第三，进一步加强公共卫生体系和能力建设

能力建设涉及很多问题，其中最重要的是信息收集和及时传播。当今是信息时代，信息的收集与传播要尽可能的完善，除了要继续完善传染病直报系统外，还要充分利用大数据、信息化手段，不断拓展信息渠道。有关的法律法规也要不断完善，建立容错纠错机制。

另外，科研能力仍需要进一步加强。跟 SARS 时期相比，医学科学界溯源能力和病源的分析能力大幅度提高，但是，基础研究能力不足的问题仍然突出，对疾病规律的把控、治疗方案的选择等都存在很多不足。此外，相关科学研究应该形成合力，不能各自为战。除了短期的疾病溯源、流行规律研究外，从中长期看，还要加强对病毒研究的能力，并加强药物及疫苗的研发。

公共卫生体系也需要进行改革。一是公共卫生体系本身要赋予其更大的权力，尤其是决策的参与权。二是要提升公共卫生系统自身的能力，完善激励和约束机制，加强人才培养。三是改革完善公共卫生体系的组织管理方式，切实把工作重点投入在重大疫情防控上面。同时，进一步理顺不同层级疾控机构之间的关系，强化垂直领导，突出专业性，尽可能消除地方对各种信息收集和报告的行政干预问题。四是理顺公共卫生系统与医疗系统的关系，加强配合协作。在传染病的发现方面，医疗体系是前哨，是一线，治疗也是主要依靠医疗系统。所以，医疗系统和专业公共卫生机构之间一定要充分配合协同，要下大力气解决“两张皮”的问题。五是要强基层。现在很明显，我们的基层医疗卫生机构在传染病防控方面仍然存在很大短板。新加坡此次疫情防控之所以敢“佛系”，很大一个原因是其有一个能力很强的基层卫生体系。未来，还必须坚持强基层目标，发挥好基层医疗卫生机构在常见病治疗、居民健康的管理、各种疾病信息收集等方面的作用，出现传染病后，发挥好流行病学调查对居民防控知识宣传和指导等方面的作用，真正做到关口前移。

第四，要重视次生灾害防控

在一段时期对疫情的防控中，我们对次生灾害的重视明显不足。比如，只要发热，都要集中到发热门诊。其实，每年冬春季节，都是普通肺炎、流感、普通感冒高发的时期，我们估算过，至少除湖北以外的地区，90%以上的发热病人跟新冠肺炎没有关系。但都把发热病人集中到特定医院，既会导致各种交叉感染，也会带来很大的资源浪费，很多人也可能不敢去医院，小病拖成大病。另外，当把大部分医疗能力都集中在新冠肺炎防控时，其他的病患需求怎么办？比如，我国每年新增恶性肿瘤患者高达400万人，加上存量至少有500万人以上需要治疗，还有各种意外伤害数量也非常大，如果得不到及时治疗，问题会很严重。此外，还有一些特殊群体如独居和空巢老人、贫困家庭等，在疫情防控期间生活也受到很大影响，更不用说涉及人群更大的就业和收入降低问题。我觉得这些问题也是我们未来应对重大公共卫生事件时应该认真考虑的。

第五，进一步明确医疗卫生事业的重点

“健康中国战略”明确提出，要从以治疗为中心转向以疾病预防和健康管理为中心，这是下一步必须进一步坚持和强化的。在卫生干预重点方面，对重大传染病要重视，对慢性传染病也要重视。另外，慢性非传染性疾病随着老龄化推进也在加剧，必须统筹考虑和应对。现在回过头来看，我国新一轮医改强调的几个基本点，保基本、强基层、建机制，还是需要继续强调和坚持的方向。要突出保基本，因为我们的经济能力还有限，必须考虑到成本和效益问题。强基层也很重要。还有一个是一定要建机制，怎么从机制上解决重医轻防的问题，把防放在第一位，而且在激励机制上要坚持一条原则：为健康结果付费。

第六，重视几个基本关系

一是中央地方关系。比如说重大疫情的公布，目前层级要求过高，国务院有关部门或省级人民政府才有权发布。层级过高，决策链条长，很容易出现应对不及时问题。对于副省级城市，包括地级市以下区域，应考虑必要的时候赋权，或者说给予更大的自我处置权力。在强化问责的同时，要建立免责机制。

二是理顺政府与社会力量的关系。近年来，社会力量的能力在大幅度加强。但是在这次抗疫中，无论是第三方的检验检测，还是物资供应和志愿者队伍，发挥的作用不够，过度依赖政府，导致政府压力过大，效率也有问题。另外，怎么样更好地利用大数据和信息化手段，也有需要反思的。

三是要利用此次抗疫契机，重塑良好的医患关系。这些年一旦遇到重大疫情或者是重大灾害发生的时候，我们医护人员都冲在第一线，都变成了天使，汶川地震也好，SARS 也好，包括这次抗疫，我们的医护人员受到全国人民的尊重，成为天使了。但受多方面体制因素影响，一旦回到常态，天使形象又逐步消失，医患关系又变得很紧张。我们应该利用这个机会，通过筹资、激励、薪酬评价的彻底改革，让白衣天使形象长期持续下去。

坚守实事求是思想路线，深化医疗卫生体制改革

田雪原[*]

一　坚守以人民为中心的实事求是思想路线

结合当前新冠肺炎疫情探讨公共卫生体系治理变革，首先需要回顾和总结应对 SARS、禽流感、新冠病毒等疫情的经验。以人民为中心、坚守实事求是思想路线，是最基本的一条经验。

防控疫情好转离不开以习近平为总书记的党中央的坚强领导，全国各族人民、白衣战士的共同努力，离不开各地对“武汉歼灭战”的鼎力支持。然而从认识论上来说，笔者认为，这是对发源于武汉错误思想路线的纠正，重张和坚持实事求是思想路线的结果。抗疫实践证明，坚持实事求是的思想路线需要科学支持。面对一段时间“未发现人传染人”说法，钟南山院士站出来说：有人传染人。面对要不要实行最严格的“封城”防控措施，李兰娟院士坚定地认为：武汉要“封城”。践行实事求是思想路线的前提，是讲真话、办实事、以人民为中心、以人民健康为根本、人民利益高于一切。“头上三尺有青天”——这个天不是别的，就是人民。每一名共产党员、干部、一切“人民公仆”，说话、办事、做决策，都要把人民放在心里、举

---

* 作者系中国社会科学院学部委员。

到头上。牢记：人民的生命、人民的利益高如天，人民的力量大如天，真心实意地为人民服务。

二 实现优质医疗资源合理有效配置

医改进行多年，取得不少成绩，但不够理想。主要的一点，是没有按照市场需求实现医疗资源，尤其是优质医疗资源的合理有效配置。因而在疫情来袭之际，防控、治疗等均陷入捉襟见肘、难以有效应对的困境。为此我的建议如下。

第一，扩建并合理分布综合性质的“三甲医院”。首先，在北上广深等一线城市，成规模扩建三甲医院。其次，加快和完善二线城市三甲医院建设，大城市优先。最后，逐步向地级城市扩展。争取在较短时间内，形成全国三甲医院成网络分布格局，成为遍布全国、梯次分布的综合医疗和救治中心、骨干中坚。

第二，组建以知名度专业化程度较高的医院为龙头的医疗集团。如由北京协和、同仁、宣武、阜外、积水潭、安贞医院等牵头，组建相应的省、自治区、直辖市分院。牵头医院主要负责科技研发、技术指导、人才培训、定期巡诊等业务。地方主要负责医院建设、行政管理、全面经营业务，承担法人代表责任。集团以国有为主，亦可采取国有为主体的股份制、股份合作制。

第三，鼓励私营、合营中小型医院协同发展。这是医疗网络体系的微循环系统，是国有骨干医疗网络的延伸和补充，不可或缺。由此，形成大、中、小规模，国家、集体、个体所有制相结合的医疗网格结构。

三　推进公共卫生治理现代化的制度安排

俞可平：公共卫生治理现代化的几项关键制度

曹远征：从抗击新冠肺炎疫情反思经济社会体制安排

董克用：人类社会已进入“病毒时代”

公共卫生治理现代化的几项关键制度

俞可平*

这次新冠肺炎疫情，付出的代价巨大，大家都希望这些代价能够换来社会的重大进步，特别是国家治理现代化的实质性进步。我从公共治理现代化的一般规律并结合本次新冠肺炎疫情暴露出来的问题，谈几点看法。

中国（海南）改革发展研究院这次座谈会把“人民健康”当作公共卫生治理体系的中心，这抓住了问题的根本和实质。我们通常把现代国家治理称为民主治理，就是因为现代国家治理的本质要求，是把增进全体人民的公共利益作为国家治理的根本目标。任何公共治理都有四种结果，最佳的结果或者说理想状态，就是善治。善治就是公共利益最大化的治理状态，就是所有利益相关方均从公共政策中获益，又称“帕累托最优”。因此，人民的公共利益是所有现代公共治理的最终合法性来源和评价标准。我们经常所说的“维护稳定”“加强领导”都不能与人民利益相比，因为作为一个人民共和国，“加强领导”和“维护稳定”归根结底也是为了维护和增进人民的权益。人民是主体，是核心。

公共治理的现代化，有三个基本要素，它们缺一不可并且相辅相成。这三个要素就是人、制度和技术。推进公共卫生治理体系现代化也同样涉及到人、制度和技术。下面我着重谈急需反思和改进的几项

* 作者系北京大学政府管理学院院长。

关键制度。

第一，反思和改进公共卫生信息发布制度

对任何公共治理来说，信息发布本身就非常重要，在信息化时代尤其如此。信息的发布不仅涉及到决策的科学性，在信息时代更事关公民的知情权。这次新冠肺炎疫情危机，首先源自疫情信息没有得到及时发布，发布的信息常常不准确，而且还出现了“朝令夕改”的笑话和知情医生“造谣示众”的悲剧。更为严重的是，至今若干关键信息还不为公众所知。因此，一项紧迫的任务是必须健全完善公共卫生信息发布制度，着手制定相应的信息发布法律，提升信息发布制度的权威性，使公共卫生信息的发布真正建立在法律的权威之上，不以人的意志为转移。

第二，反思和改进公共卫生决策咨询制度

现代社会是分工社会，各种专业的分工越来越细，专业化程度越来越高，决策者不可能样样精通；现代社会也是信息社会，科技发展日新月异，社会发展变幻莫测，决策者不可能事事皆晓。健康卫生是专业性很强的行业，同时也关系到社会生活的许多方面。从本次疫情暴露的问题看，一是要增强专家智库的独立性，不能成为决策部门的附属机构；二是强化咨询专家的公共责任和职业伦理，必须守住专业伦理底线；三是不能局限于单一（卫生）领域的专家，应当包括公共治理其他相关领域的专家。

第三，反思和改进公共卫生决策听证制度

政策听证是保证决策民主化科学化的必要制度，它可以在相当程度上保证政策的合理性，有效地避免重大的政策漏洞，不至于在政策出台后面临多数利益相关者的反对和抵触。公共卫生涉及到民众的切身利益，不但要科学合理，而且必须有广泛的公共参与。如果能够就重大公共卫生决策进行听证，那么，疫情防控初期的一些问题就可以避免。其实，改革开放以来，听证制度已经在我国的一些政府部门出现，并且取得了很好的效果和积极的社会反响。我们应当加紧修订相关的程序性法律，对立法听证、政策听证和监督听证的各个环节做出具有约束力的规定，进一步完善重大政策听证制度，从制度上保证决策的民主化和科学化。

第四，反思和改进公共卫生政策评估制度

根据一定的标准，对政策效果进行科学的和客观的评估，能够及时发现问题，总结经验，修正政策。我们现行的公共政策评价主要是部门内部人评价和上级评价。这种体制内的评价是必要的，但却远不是充分的。由上及下的政策指令信息与由下及上的政策效果信息不能走完全相同的渠道，这是政治学的一条公理。否则政策效果信息难免被扭曲，势必会出现报喜不报忧、弄虚作假、欺上瞒下等现象。制定的政策完全由自身评估，很难得出正确的结论。这次疫情防控表明我们急需改革完善公共卫生政策效果的评估制度，要加强第三方的专业评估。

第五，反思和改进公共卫生决策的责任制度

决策者必须对其做出的决策负责，而且这种责任必须由法律和制度加以规定。近年来，各级党政机关都在积极推行各种形式的政治责任制，对这方面取得的成绩和努力应予充分肯定。但必须指出，有些责任制其实不是很科学，要不没有相应的责任追究制度；要不成为一种变相的承包责任制，如“一票否决制”。我们还没有形成科学合理的公共卫生决策责任制度，存在着相当的随意性，对失职者和尽职者都缺乏公正性，难以起到应有的作用。

总而言之，这次新冠肺炎疫情，不仅是对我国公共卫生治理体系的严峻考验，也是对整个国家治理体系现代化的严峻考验。这次疫情暴露的公共治理理论问题既表明中国共产党十八届三中全会首次提出、中国共产党十九届四中全会专题研究的国家治理体系和治理能力现代化的重大战略意义，也表明我们在推进包括公共卫生治理在内的国家治理现代化方面仍然面临着不少重大的挑战。

从抗击新冠肺炎疫情反思经济社会体制安排

曹远征*

这次新冠肺炎疫情是对治理体系和治理能力的一次大考，促使我们反思，重新审视经济社会体制安排的问题。

第一，人类进入工业社会后，疫情始终伴随着经济社会的发展。这是因为工业聚集在城市，城市因人口密集使疾病传播更为容易，导致形成流行性疫情。随着世界进入全球化时代，疫情也国际化了。疫情由此成为现代经济社会生活的一个组成部分。经济越发达，这个现象越明显。其实这次疫情的发病率就与各省经济发达的程度呈正相关关系。与病共生，相互博弈成为常态。过去十几年，SARS、禽流感、MERS，就是国际性疫情。不仅这些新病种，而且传统病种也有可能再流行。传染病是一个现代社会的伴随者，对此我们要有清醒的认识，需要警钟长鸣，常备不懈。要将传染病防控纳入到一个正常的治理体系中，而不是作为应急事项，这是一个重要的理念。及时应对突发事件，其最高原则是不要出现全面的紧急状态，尤其是全国性的紧急状态。就传染病而言，平时的防治是属一位的。早发现，早处理，避免其发展成为疫情，尤其是全国性的疫情，这必须明确，防治不仅仅是卫生系统的工作，而是社会治理体系的日常工作。

---

* 作者系中银国际研究公司董事长。

第二，这次疫情暴露了社会管理体制的一些短板。这些短板共同导致了社会管理体制过于僵硬。因此，从这些短板入手，深化改革，建立一个有弹性的管理体制就十分重要。

从长治久安的角度看，涉及公共卫生的基础性短板需要持续性的补齐。流行病是人传人的，因此人口流动性的控制最重要。这次疫情从武汉扩散到全国，反映的问题是农民工市民化的短板。由于农民工市民化程度低，农民工没法定居城市，家庭不能团聚导致跨省流动量大且频繁，所以很容易将疫情扩散到全国。为此，不得不采取强制性控制人口跨省流动措施。如果农民工市民化程度明显提高，能够定居化，那么跨省的人口流动就会减少，疫情的扩散也会减轻。因此，一定要深化户籍制度改革、土地制度改革，促使农民工定居化。城市化进程中，农民工市民化可能是疫情防控的基础性工作，需要高度重视。此外，社区、村镇是社会治理体系的细胞组织。它既是支持社会功能运转的基层，又是公共卫生的第一线。基层细胞能否良好运转直接决定整个治理体系的状态。疫情中的一些问题暴露了基层细胞的缺陷，使人们认识到基层细胞组织改革的必要。其中的核心问题是人们一直在探讨的：基层组织究竟是行政性组织还是自治性组织。从各国的经验看，自治性具有弹性，反应最快。在传染病面前，能较好地把基层的分级诊疗、家庭医生的能力整合起来，在应对过程中不仅能做到早防治，而且在善后中较少出现后遗症。这次抗击新冠肺炎中的新加坡经验值得重视。目前，在我国城市社区中有业主委员会，完善其治理结构、改善其治理能力，应成为社会体制改革的重要组成部分。

第三，公共卫生系统的机制塑造问题。目前，公共卫生系统可分为两个系统，专家系统和行政系统。这两个系统似乎是平行的，专家不能介入行政决策，专家仅是提供咨询；行政负责决策，但由于行政不了解专业，会造成时机贻误。如何形成专家介入决策的机制成为公共卫生系统改革的一个重点。与此同时，公共卫生系统疾控中心与医疗机构之间的关系也需要梳理。事实上，患者会到医院就诊，医生在发现疫情的第一线，因此第一时间上报十分重要。但是目前的情况是，疾控和医疗两张皮。或许一个好的办法是赋予基层医疗机构防疫的功能，通过全科医生、签约家庭医生将这两者结合起来。

第四，厘定中央和地方的事权关系。这次新冠肺炎疫情暴露了一个问题，在应对突发事件时，各级政府的权责是什么？需要立足于工业化、城市化、全国一个整体的现实，重新厘定中央和地方的事权关系，这成为行政体制改革的一个重要问题。在这方面，应当总结 2019 年北方地区鼠疫和海南登革热的防控经验，剖析中央和地方关系上的处理，借鉴并形成制度。

总之，中国社会正在转型，一方面城市化程度在提高，大城市、城市圈、城市带正在形成；另一方面，服务业成为国民经济的主体部分，占 GDP 的 56%，其预示着后工业社会的来临。这使我们不得不思考一个问题，如何塑造与之相适应的有弹性的社会体制，而不能仅就公共卫生谈公共卫生。事实上，SARS 给我们带来教训就是就公共卫生谈公共卫生。讲到“平战结合”，笔者认为就物资和资源储备而言，这是完全正确的。但就社会体制而言，“平战结合”最重要的是平而不是在战。也就是说，良好的社会体制能使预防的关口始终在前面，尽力避免进入战时状态，这才是有效的“平战结合”体制。体现在公共卫生管理体制上一个重要的理念是在“平”字上下功夫，防止再次出现 SARS 危机的 17 年后出现新冠肺炎的情形。

最后，随着经济社会转型，过去的改革更重视经济体制，现在需要按照中国共产党十八届三中全会提出的要求，深化经济、社会、政治、文化、生态五位一体的体制改革，唯此，才能实现国家治理体系和治理能力现代化。

人类社会已进入“病毒时代”

董克用*

一　为什么说人类社会已进入“病毒时代”

病毒原本是医学领域的概念，但是，在现代社会，这个概念已经扩展到医学领域之外。我们大家都知道有计算机病毒、手机病毒，有描写病毒的小说和电影，暗示着人类社会组织中也存在病毒。什么是病毒？各领域的定义不同，但是，其共同特点是长期潜伏、突然暴发。长期潜伏，就是说它早就存在了，无论是自然界已有的还是人造的，只不过不为大众所知罢了。突然暴发，就是在某种条件成熟时，迅速以人类不熟悉的方式侵入人体组织，形成破坏力。

本文主要分析医学领域公共卫生系统的病毒。笔者认为，病毒暴发可能不再是一个小概率事件，而很可能是人类与各种病毒长期共存的局面。事实上，非洲的埃博拉病毒、全球的艾滋病病毒、我们身边的乙肝病毒一直没有消失，自发现以来一直与人类共存。也有专家说，这次新冠病毒也可能成为一个长期存在的病毒，很难完全消灭。

为什么在公共卫生领域会这么频繁地发生病毒暴发事件？笔者认为有三个原因。一是城市化。城市化造成人口的大规模聚集，如大都

---

* 作者系中国人民大学教授。

市圈，几千万的人聚焦在狭隘的空间中。所以，病毒非常容易传播。二是现代交通实现了人口大规模的快速流动。高铁、飞机、高速公路都提高了人口流动的速度。加上在全球化进程中，人口快速流动，病毒也在各国间传播。三是气候和环境变化。气候变暖，冰川与冻土融化，不但有新发现的病毒，而且多年前的旧病毒都可能会再现。正因为有这三大原因，人类需要认识到：病毒将与人类长期共存。很有可能不是病毒越来越少，而是新病毒不断涌现，病毒就在身边。认清了这样一个现象，就可以从公共管理角度来分析问题。

二　病毒时代我们要充分发挥专业人士的作用

病毒的特点是潜伏和暴发。面对这种潜伏深、暴发又快又凶的病毒，我们怎么办？谁能把控？第一责任人是谁？专业人士非常重要。病毒暴发前期一定是专业人士发现问题，一定是看病的医生发现病情，而不是行政机关。我们过去一直是习惯于行政权力凌驾于专业权威之上，凡事最后都要行政“拍板”。这种做法现在必须纠正，如果不纠正，我们不但今天会犯错误，以后我们还会犯同样的错误。我们都知道，当计算机病毒发生的时候，我们是在等红头文件告诉我们有计算机病毒了吗？不是的，是专业机构告诉我们某个文件有病毒，请不要打开。公共卫生事件也是这样。就这次新冠肺炎疫情来看，其实发现得很早，从过程看，我们缺的不是专业能力，而是没有处理好行政权力和专业权威的关系，我们习惯于行政权力高于专业权威。“非典”之后设置了中国疾病预防控制中心（CDC），但是并没有赋予它完成职责的职能。专业的职能总是被行政权力所驾驭，这是错误的，在病毒时代必须改变这种错误做法，如果这种情况不改变，今后我们肯定还会犯同样的错误。如果我们这次再不好好总结，今后难免重蹈覆辙。“病毒时代”的特点要求我们必须改变行政权力凌驾于专业权威之上的做法，要给专业机构、专业权威、专业人士以相应的职能和职权。

三 病毒时代要完善政府治理体制

事实表明，这次疫情暴发后政府的应对还是很有力的。但是我们在应对方面依然有很多问题，这里主要讲两个方面：一是从短期应急预警角度看有什么问题；二是从长期预防角度看有什么问题。

从短期应急预警角度看，要处理好中央与地方关系的问题。公共卫生领域病毒的暴发一定是在某一个点暴发，全国同时暴发的可能性非常之小，H1N1 也不是在全国同时暴发的。那么，是不是在某一地区暴发的时候，也要等全国统一指令来行动呢，这需要反思。因为，如果等全国统一命令，首先，时间上可能会延误。因为让全国做一个统一的决定，一层层传递决策，可能两周都决定不下来。其次，全国性决策的难度太大，因为涉及的面太广，影响面太大，所以，决策难度太大。因此，在“病毒时代”，应当把公共卫生的应急预警权力下放，要压实省级政府的作用。在“病毒时代”，在公共卫生领域，权力要下放，靠金字塔型的指挥模式是不行的。

此外，在公共卫生领域，政府在长期预防上的作用更重要。比如，改变传统的中餐就餐方式，提倡中餐西式吃法，即分餐制。

总之，人类社会已经进入“病毒时代”，人类与病毒将长期共存。在这种情况下，第一，要发挥专业人士的作用，不要让行政权力凌驾于专业权威之上；第二，要改革政府治理体系，应急预警权力要下放；第三，政府还要注重公共卫生领域的长期预防。

四　延伸阅读

中改院海南经济研究所：以“健康海南”的特别之举
形成疫情后自贸港开局的新亮点
迟福林：广东省加强公共卫生体系改革与建设的五点建议

以“健康海南”的特别之举形成疫情后自贸港开局的新亮点

中改院海南经济研究所

在新冠肺炎疫情对旅游等服务业产生严重冲击、加大经济下行风险的背景下，海南自贸港建设如何开好头，以增强各方预期。我们认为，关键是打好“健康海南”这张王牌，以特别之举形成“健康海南”的独特优势。主要判断如下。

（1）疫情在对旅游及相关服务业产生严重冲击的同时，也对“健康海南”提出迫切需求。2003 年，海南成为全国“无疫区”之一，“健康岛”品牌初步树立。从目前情况看，海南仍有可能成为率先战胜新冠肺炎疫情的省份之一。疫情后，海南将会成为健康旅游的热点区域。

（2）以特别之举打好“健康海南”王牌，将形成疫情后海南自贸港开局的新亮点。这就需要依托海南资源环境优势和自贸港政策制度优势，尽快在公共卫生领域推出某些“特别之举”，以加快提升海南医疗与公共卫生服务的专业化、标准化、国际化水平。

（3）“特别之举”的重中之重是开放。加快医疗与公共卫生的全面、高度开放，既是补齐海南公共卫生与基本医疗服务这一突出短板的关键之举，也是在冲击、压力下形成海南自贸港良好开局的关键之举。

为此我们建议。

1. 抓住机遇，尽快把博鳌乐城国际医疗旅游先行区部分政策在全省范围内实施

（1）将博鳌乐城国际医疗旅游先行区部分政策实施范围扩大到全岛是加快海南自贸港建设的关键一招。第一，有利于推动疫情后海南旅游业的振兴，并加快形成海南健康旅游的突出优势。第二，时机选择至关重要。疫情后宣布此举，有利于增强各方对海南自贸港的良好预期，发挥“牵一发动全身”的关键作用。第三，机遇难得，不宜再拖。疫情后出台这一政策，既有可批性，又会对海南自贸港建设产生多方面重要影响。

（2）把全省范围实施的政策具体化，并进一步拓展。例如，尽快将医疗机构市场准入、药品器械进口、境外医师执业、方便境内外患者诊疗等政策扩大到全省；取消境外资本设立医疗机构的股比限制；放宽对进口药品“急需、少量”“三级甲等医疗机构”等限制，允许医疗机构在安全评估与适用范围限定的前提下，经备案自主确定进口药品和医疗器械的数量与种类，并免除关税及进口环节增值税等。

（3）对标国际医疗与公共卫生的高精尖，把博鳌乐城国际医疗旅游先行区定位为“国际性医疗硅谷”。例如，就癌症免疫疗法、基因疗法、疫苗疗法等技术，尽快与日本等国家的医疗机构开展合作研究和合作治疗；鼓励国内外有专利技术、有研发资源的企业和个人通过独资、合资、合作等多种方式在先行区开展基因诊断治疗与干细胞、新药及仿制药研发等活动。

2. 主动争取在海南建立中日医疗健康合作区

（1）将海南打造成为中日医疗健康合作区，既能服务于中日合作大局又有现实可行性。根据世界卫生组织最新报告，日本医疗服务水平再次蝉联世界第一。在此次抗击疫情中，中日两国相互协助产生广泛影响。2020 年习近平主席将访问日本，相关方面可能会签署关于医疗养老方面的合作协议。建议海南抓住这个重要时机，近期向中央提出申请，将海南作为中日医疗健康合作区，与日方开展医疗健康产业项下的自由贸易，实现海南与日本药品、器械、设备、人员等要素的自由流动。

表 1 **部分国家（地区）医疗卫生服务水平排名**

国家和地区	医疗卫生服务水平排名	医疗服务质量指数	人均预期寿命	接受安全卫生服务人口占比
日本	1	94	84.6	99%
安道尔	2	95	84.2	100%
新加坡	3	91	84.0	100%
中国香港	4	—	83.8	92%
圣马力诺	5	—	83.5	77%
中国	64	78	76.0	72%

资料来源：《World Health Report》，根据世界卫生组织网站数据整理。

（2）在海南采用日本医药标准。例如，对已在日本通过标准评估的药品与医疗器械，在海南可自动获得认证；采用日本的医药使用标准，对已在日本上市的药品无须开展临床试验直接在海南使用；允许海南健康医疗机构与日本相关机构合作，同步开展国外药品与医疗技术的临床试验，打造国际新药、新医疗技术试验和应用基地。

（3）与日本联手共建医药与器械设备制造产业链。例如，建立海南与日本医疗健康合作园区，园区内药企根据日方标准开展药品、器械、设备等生产；鼓励园区内企业与日方开展设备保税租赁、外包服务等多种形式的合作，全面引进日本先进医疗技术、设备和人才等。

3. 自贸港“早期安排”政策向医疗健康领域倾斜

（1）对医疗健康等相关产业项下的生产要素实行“零关税”。在用途和使用范围严格管制的前提下，对医疗健康领域所需的诊疗试验设备及材料进口实行零关税；对公共卫生领域的大型基础设施、检测设备、研发设备、生产制造设备等进口在核定总量前提下免征关税。

（2）率先在医疗健康领域实行“低税率”。按照提升对内外资本、技术和人才吸引力的需求，争取从2020年6月1日起，在医疗健康、公共卫生等领域实行10%左右的个人所得税和企业所得税，加快引进一批公共卫生、医疗健康领域的重大投资项目和高层次人才。

（3）把公共卫生与医疗建设项目作为自贸港招商引资的重点之一。尽快提出“十四五”规划海南公共卫生与医疗建设的项目清单，鼓励支持内外投资者开展医疗技术研发、医药研发、医药制造、医疗器械研发和制造等方面的投资合作。

4. 加快公共卫生与医疗教育开放进程

（1）支持海南大学、海南医学院等与国内外一流教育机构合作建设具有国际先进水平的公共卫生学科。支持国内外一流公共卫生大学或研发机构，同海南大学、海南医学院等联合设立以预防医学及应急防疫为重点的公共卫生学院，并在外籍科研人才引进、学科建设、科研技术装备投入等方面给予大力度支持。

（2）争取支持设立“海南疫病防治研究所”。依托中国热带农业科学院、中国农业科学院、海南大学、海南医学院等科研机构和院校，与国内外相关机构合作设立“海南疫病防治研究所”，就热带地区病毒性疾病监测、新发和烈性传染病病原传播、病毒基因组测序等重点领域展开综合性、基础性研究。

（3）强化公共卫生科研与人才培养的国际合作。发挥海南地处南海前沿的区位优势，推动公共卫生和医疗机构与泛南海国家和地区的研究机构、高校等，实现疫情预测、评估、防治等领域的信息共享。

5. 加快建立具有国际一流水准的公共卫生大数据平台

（1）加快海南公共卫生信息化建设具有现实性、迫切性。加强与国际、国内相关机构合作，加快打造适应自贸港建设需求的公共卫生大数据平台，强化大数据在公共卫生现状评估、态势研判、风险防控部署等领域的应用，尽快改变海南公共卫生与医疗信息化滞后的现状。

（2）打造公共卫生安全监测、评估及预警系统。例如，打造全省公共卫生物联网平台，通过接入医疗检测设备、智能穿戴设备等方式实现公共卫生数据采集；破除公立医院与其他公共卫生机构的信息壁垒，建立全省统一的公共卫生数据库；充分利用人工智能、大数据分析等信息技术，开展传染病长期流行趋势分析，短期暴发和流行风险预测预警，重点传染病与常见病预防建议，旅行卫生提示，外来有害生物、外来物种生态安全及基因评估预警等。

（3）打造全省公共卫生人力资源数据库。强化对公共卫生人力资源总量、结构、技术、趋势等内容的分析研判，为引进、培养、调配公共卫生人才提供决策支持。

6. 把加强公共卫生服务体系建设作为海南“十四五”规划的重大任务

（1）按照“2025 年医疗服务水平达到国内一流”的目标强化公共卫生基础设施建设。第一，争取到 2025 年，财政卫生健康支出占地方一般公共预算支出的比重由目前的 5.6% 提升至 10% 以上。第二，争取到 2025 年，医疗检测与治疗设备等达到北京、上海、浙江等发达地区同期水平，基层公共卫生机构在设备配备、人员配置等方面与国内大中城市大致相当。第三，争取到 2025 年，每千人口执业（助理）医师、床位数等重要指标达到国内前列。

表2　　2018年海南与全国及部分省市医疗卫生指标比较

	综合医院（家）	专业公共卫生机构（个）	每千人口执业（助理）医师数（人）	每千人口床位数（张）
海南	158	119	2.39	4.80
全国	19693	18033	2.59	6.03
江苏	1029	808	2.90	6.11
浙江	555	393	3.33	5.79
广东	882	1058	2.44	4.56

资料来源：国家统计局《中国统计年鉴2019》，中国统计出版社2019年版。

（2）对标国际先进标准制定自贸港公共卫生标准体系。一是加快制定医疗服务标准体系，如公立医院与基层医疗机构医疗服务质量评估标准、医疗资源配置标准、医疗安全管理及医疗技术使用标准等；二是对标日本等发达国家水平，尽快制定旅游、文化娱乐、住宿餐饮、养老健康等行业的卫生标准；三是在研究梳理美国、欧盟、日本等国家和地区的动植物检验检疫、卫生检疫相关标准基础上，研究制定海南自由贸易港相关领域检验检疫标准，并推动海南检验检疫标准与发达国家标准的对接与互认。

（3）尽快制定以预防为导向的省公共卫生体系建设中长期规划。研究制定海南“十四五”公共卫生体系建设规划，就未来5年公共卫生体系基础设施建设等重大问题做出安排和部署。

7. 以强化居民公共卫生行为习惯为重点形成社会文明大环境

（1）尽快研究出台《海南省全面禁止销售食用野生动物条例》。建议海南省人大尽快立法，严厉、严格依法禁止制售食用野生动物及其制成品；依法加强对野生动物驯养繁殖企业监管；依法全面取消供食用的各类野生动物养殖机构等。

（2）把强化公共卫生行为习惯作为2020年社会文明大行动的主

题。以疫情防控为契机，全面开展居民公共卫生意识普查、社区（乡村）清洁大行动、公共卫生科普大行动、疫情疫病应急演练、卫生家庭、卫生社区（乡村）创建等实践活动，尽快提升居民公共卫生意识，改变随地吐痰、乱扔杂物等陋习。

（3）从2020年起实现海南城乡、企业公共卫生安全检查、评估、监测的常态化、永久化，并定期向社会各界发布，以此形成全民重视、全民动员、全民支持、全民参与的良好氛围，并充分利用新媒体等民众喜闻乐见的形式加强公共卫生与健康生活方式的宣传普及。

（4）对标新加坡等标准，尽快出台《海南省文明行为促进条例》，建立全社会举报、监督不文明社会行为的相关机制，以形成全社会文明行为的刚性约束。

8. 率先建立直属省长领导的公共卫生风险防控体系

（1）设立直属省长领导的公共卫生风险防控指挥委员会，作为省政府的直属特设机构。在省级层面设立直属省长领导的公共卫生风险防控指挥委员会，统一指挥协调全省公共卫生监测、预警、评估及资源调配等。

（2）建立自上而下、专业高效的公共卫生风险防控执行体系。建议将省内现有各级疾控中心作为省指挥委员会的派出机构。

（3）修改完善《海南省实施〈突发公共卫生事件应急条例〉办法》《海南省突发公共卫生事件应急预案》。建议尽快着手修订《海南省突发公共卫生事件应急预案》，并形成《办法》与《预案》的定期修订机制。

广东省加强公共卫生体系改革与建设的五点建议

迟福林[*]

2020年2月14日，习近平总书记主持召开中央全面深化改革委员会第十二次会议时指出，确保人民群众生命安全和身体健康，是我们党治国理政的一项重大任务。习近平总书记强调："这次抗击新冠肺炎疫情，是对国家治理体系和治理能力的一次大考。要研究和加强疫情防控工作，从体制机制上创新和完善重大疫情防控举措，健全国家公共卫生应急管理体系，提高应对突发重大公共卫生事件的能力水平。"

广东作为经济大省，又是人口流入大省，公共卫生安全压力始终很大，尤其是推进粤港澳大湾区建设，对公共卫生体系建设提出了更高要求。针对这次疫情暴露出来的短板和不足，建议广东省抓紧完善重大疫情防控体制机制，健全全省公共卫生应急管理体系。就此，提出以下五点建议。

一　建议广东省与大湾区统筹推进公共卫生体系改革与建设

以服务贸易一体化为重点推进粤港澳大湾区建设，是我国高水平

* 作者系中国（海南）改革发展研究院院长。

开放的重大战略。健康医疗、疾控体系建设不仅是重要的社会事业，也是服务贸易的重要内容。建议广东省的公共卫生体系改革与建设，与大湾区统筹考虑，与中国香港、澳门地区协商，尽快提出粤港澳大湾区疾控体系建设的行动方案。

首先，强化公共卫生体系建设是推进粤港澳大湾区建设的重大任务之一。从实际情况看，广东以重大疫情防控为重点的公共卫生体系建设，不仅关系到本省，而且直接与中国香港和中国澳门相联系。广东做得好，中国香港、中国澳门地区就会好。《粤港澳大湾区发展规划纲要》明确提出，要完善突发事件应急处置机制，建立粤港澳大湾区应急协调平台，联合制定事故灾难、自然灾害、公共卫生事件、公共安全事件等重大突发事件应急预案，不定期开展应急演练，提高应急合作能力。无论是2003年的SARS危机还是此次新冠肺炎疫情，都对中国香港和中国澳门带来冲击。三地有效应对公共卫生危机事件，离不开相互之间的通力合作。

其次，建议广东省牵头研究提出《粤港澳公共卫生事件应急方案》。在和中国香港、中国澳门两地进行协调的基础上，统筹三地公共卫生体系建设。包括三地公共卫生标准、政策、基础设施建设、应急管理等，形成具体思路和行动计划。

最后，强化粤港澳三地公共卫生应急机制建设。建议在国务院港澳办的协调下，尽快成立粤港澳公共卫生应急协调小组，定期就公共卫生事件、尤其是突发公共卫生事件随时进行高层次沟通，以便统一采取行动。建议向中央申请，将一些跨境公共卫生事件应对权和处置权下放广东，使广东能够根据实际情况主动加强与中国香港、中国澳门的合作与联合行动，使三地能够同步做到早预防、早发现、早诊断、早治疗。

二 建议广东省率先在全国构建统一高效的公共卫生紧急委员会

无论是从2003年的SARS危机还是从此次新冠肺炎疫情看，我国现有的公共卫生行政管理以及专业机构，在应对公共卫生危机事件时仍存在短板。新组建的应急管理部门，更多侧重在生产安全等领域，难以在公共卫生领域发挥主体作用。着眼于我国以疾控为重点的公共卫生体系现状，建议广东省率先在全国成立高层次、统一高效的公共卫生紧急委员会。

一是公共卫生紧急委员会由省长直接领导，作为省政府的直属特设机构。在运行上采取法定机构管理的方式，通过立法授权公共卫生紧急委员会机构拥有处理广东全省突发公共卫生事件的指挥权和协调权。

二是公共卫生紧急委员会是一个应急性和指挥性机构。在省长直接领导下，制定包括公共卫生在内的应急方案，突发公共卫生事件的处理、相关举措的实施以及应急物资调配。

三是在全省市、县构建公共卫生紧急委员会体制，实行省垂直管理，以负责辖区内公共卫生事件的指挥、协调、落实等。

三 建议对标国际先进标准，把公共卫生服务基础设施建设作为广东省“十四五”发展规划的重大任务

目前广东正在制定“十四五”发展规划，建议把公共卫生服务体系的基础设施建设作为广东省发展规划的重大任务，以加大公共卫生服务基础设施的投资力度，在全国率先形成具有国际先进标准的公

共卫生服务体系。

第一，全面对标国际先进公共卫生标准。从经济体量和发展水平看，广东已经达到发达经济体的标准，在公共卫生体系建设上，有条件也有能力参照国际先进水平进行谋划，甚至可以略有超前。建议广东省对“十四五”公共卫生体系的基础设施建设投资计划做出全面规划，以此作为提高全省公共卫生供给质量、促进高质量发展的重要目标之一。

第二，全面强化“十四五”规划公共卫生基础设施建设。一是明显加大公共卫生服务投资，重构全省疾控中心，强化基层公共卫生体系，加快推进公立医院改革；二是加大公共卫生体系基础设施投资，全面改善公共卫生关键设施设备；三是建立广东省公共卫生应急物资储备库，作为国家重要战略资源的有效补充。

第三，制定以疾控为龙头的省公共卫生体系建设中长期规划。在广东省“十四五”规划制定中，建议研究制定广东省“十四五”公共卫生体系建设专项规划，就广东省未来五年公共卫生体系建设的重大问题做出安排和部署。

四 建议广东省尽快筹建国际化、高水平、专业性的公共卫生大学

从广东省防范公共卫生危机的现实需求出发，建议广东省尽快成立一所高水平的公共卫生大学，批量培养高层次、专业化的公共卫生人才。

第一，广东省人口多、流动大、任务重、压力大，需要有充足的公共服务卫生人才储备。根据《中国卫生健康统计年鉴 2019》的数据，2018 年，全国卫生人员数为 952.92 万人，其中广东为 75.52 万人，广东占全国比重为 7.93%。这个比重低于广东省经济总量占全

国的比重（2019 年为 10. 87%）。2018 年，广东省每千常住人口卫生技术人员为 6. 7 人，低于全国 6. 83 人的平均水平。从广东省经济社会发展趋势出发，要加快培养公共卫生人才，为加快公共卫生体系建设奠定坚实基础。

第二，尽快筹建广东省公共卫生大学，专职专门培养全省的公共卫生人才。目前，全国还没有一所公共卫生大学，公共卫生体系建设缺乏人才支持。依托广东高校的实力，加快筹建省级公共卫生大学，具有很强的现实需求。

第三，全面整合广东省现有的资源，加快推进公共卫生大学建设。建议整合包括南方医科大学等现有资源，按国际标准进行研究设计，按照南方科技大学的办学体制进行操作。争取第 1 年完成设计、施工，第 2 年开始招生，第 3—5 年取得效果，打造一个全球高水平的公共卫生大学。

五　建议广东省尽快立法出台严厉禁止野生动物的买卖及食用

建议广东尽快立法，禁止野生动物的捕捉、销售、食用，由此促进全省社会文明建设，并在全国产生带动、促进作用。

一是以强制立法改变饮食习惯。防止病毒的传染与变异，保障城乡居民的公共卫生，需要多措并举，其中改变饮食习惯最为关键。受饮食习惯的影响，野味在广东的销售具有一定的普遍性，由此带来某些公共卫生的隐患。为此，以强制立法尽快改变饮食习惯，具有现实紧迫性。

二是建议广东率先立法，禁止野生动物的捕捉、销售、食用，以对全国形成重要的示范作用。同时，也禁止人工饲养的相关野生动物销售和食用。这一地方法要与《野生动物保护法》等其他法律相互配合。

三是严格执法，严厉打击各种违法行为。广东应以此次抗击疫情为契机，采取严厉举措，力争从2020年开始，彻底改变喜食野味的饮食习惯，以影响全国。